永田町動物園

日本をダメにした101人

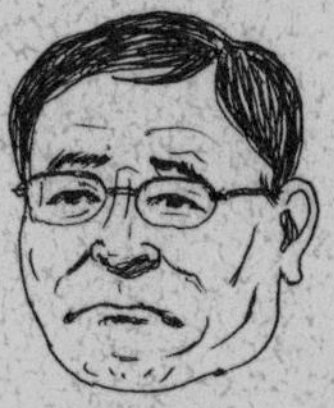

KAMEI Shizuka

亀井静香

KODANSHA

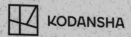

永田町動物園

日本をダメにした101人

はじめに

亀井静香　政治家には、光と影がある

政治家は皆、悪人だろうか。政治不信と言われて久しいが、ひとりの政治家として若干の反省を込めれば、それも仕方ない面があるかもしれない。

しかし日本という国家の中で暮らしている以上、国民生活と密接に結びつく政治とは、誰もが無関係でいるわけにもいかない。

人間、誰しも光と影の側面を持っていると思う。俺が尊敬する戦国武将・明智光秀には主人殺しの謀叛人という顔と、領民に慕われた名君という顔がある。忠臣蔵で有名な天下の悪役、吉良上野介だって名君だったと言われている。人生は一通りではなく、毀誉褒貶が付きものだ。だから政治家といえども、一概に善人悪人の選別はできないと思っている。

政治家という仕事には、こうした人間の光と影の両方が色濃く出る。俺が出会ってきた無数の政治家たちを振り返れば、権力と野望をたぎらせた一種の「動物」というべき人々の顔が浮かんでくる。そんな猛獣たちが暮らす場所が、永田町なのだ。

俺は島根との県境近く、広島の山奥の集落で生まれた。獣道を歩き、峠を越えて、今はもうなくなってしまった山彦学校に通っていた。峠途中の地蔵さんのところで弁当を食ったら、学校には行かず、よく回れ右をして家に帰ったりしたものだ。

敗戦まで没落士族の家系であった父は、村で最も狭い田んぼで百姓をしながら村の助役を務めていた。子どもに分け与える土地がないために、教育を身につけさせようと、俺たちきょうだい4人を90㎞離れた広島市の学校に送り出した。

修道高校1年の時、学校を批判するビラを撒いたため、俺は退学になった。東大に進んでいた兄と姉を頼って上京したものの、日比谷高校、九段高校などの転入試験は全て不合格。諦めかけていたとき、大泉高校の両角英運校長先生に出会い、温情で編入できた。

その後、運良く東大に入学し、駒場寮に入った。在学中は合気道とアルバイトに明け暮れ、授業には一切出なかったが、落第することはなかった。合気道部では、生涯の師・田中茂穂先生とよき友に出会えた。

東大を卒業して、大阪の別府化学工業（現・住友精化）に入社した。大事にしてもらったが1年で退職し、警察庁に入った。あさま山荘事件をはじめ、多くの極左事件を担当するうち、政治を変えなければならないとの思いが募って政治家になる決心をした。最初は全くの泡沫候補で、広島政界はもちろん、地元からもマスコミからも無視された。しかし、手弁当で支えてくれた竹馬の友や、少数だが心を寄せてくださった方々もいた。その必死の応援で初出馬初当選し、以後は13期連続で当選させていただいた。

俺は政治家として、数多くの良き先輩や同僚に恵まれた。幸せな政治家人生であることは間違いない。ただ、果たして使命を全うできたかと考えてみると、甚だ心もとない。

主張すべきことはきちんと主張するが、議論が終われば敵味方なく酒を飲み、心を開いて語り合う。都会のエリートの思い込みで政治を進めるのではなく、田舎のお年寄りの声にも耳を傾ける。そんな政治家がめっきり減ってしまった。

本書には、俺自身を入れて１０１人の政治家の素顔、そして永田町の知られざるエピソードを記した。だが書きながら、はたして俺たちは日本をよくすることができているのだろうか、むしろダメにしてしまったのではないか、と省みることも多かった。

政治家とは何か。この国をよき方向へ導いているか、それとも誤らせているのか。その判断は、読者の皆さんが下してほしい。

永田町動物園

日本をダメにした１０１人　目次

第二章　昭和を築いた13人

第三章　平成を駆けた31人　97

イラストレーション　佐々木悟郎
ブックデザイン　鈴木成一デザイン室

第一章

令和を生きる14人

安倍晋三

気弱な青年・晋三を怒鳴りつけた日

俺は安倍晋三を弟のように可愛がってきた。総理大臣時代には、立場上、「総理」と呼んではいたが、俺にとっては今でも父親（安倍晋太郎）の秘書官だった「三下奴《さんしたやっこ》」の晋三のままだ。

初めて晋三に会ったのは、中曽根康弘さんの「中曽根裁定」のときのことだ。'87年10月、中曽根総理の退任に伴い、安倍晋太郎、竹下登、宮澤喜一の3者で総裁ポストが争われた。指名前日まで、派閥領袖（清和会会長）になっていた晋太郎先生が有利とされていて、俺が所属していた清和会では、誰もが安倍指名を疑わなかった。

俺は、警察官僚時代の先輩で中曽根政権の官房長官だった後藤田正晴さんのところに行って、「後継者指名は誰か？」と訊ねた。するとそこで、暗に「後継」は竹下ということを聞かされたのだ。

ところが、指名当日の清和会事務所はすでに祝勝ムード。晋太郎先生は、自分に指名があると思いこんでいて、そこに秘書官だった晋三もいた。俺は後藤田さんから聞いていたから、晋太郎先生の指名は「絶対ない」と言いきった。皆ぎょっとしていたが、父親の傍らにつっ立っていた

晋三が、俺を睨んできたのを覚えている。父を総裁にしたい思いが誰よりも強かったのだろう。結果として、竹下さんが総裁に指名され、晋太郎先生の総裁の芽は摘まれる。翌年、晋太郎先生は膵臓がんに冒され、3年後に67年という人生の幕を閉じた。

晋三は晋太郎先生の願いをよく覚えていたと思う。「誰がどう考えても、必ず総理になる」と言われていたのが晋太郎先生だ。その思いが、晋三を支えてきたに違いない。

俺は一度、安倍派を除名処分になったことがある。派閥の意に反して、総裁選で独自候補を擁立しようとしたからだ。そんなときでも晋太郎先生は、「亀井君、戻ってこい。俺はお前みたいな政治家が好きなんだ」と復帰を促してくれ、元の鞘におさめてくれた。実に大らかで鷹揚な政治家だった。

昔、こんなことがあったらしい。安倍家に泥棒が入り、晋太郎先生のコートを盗もうとした。それを晋三が見つけて、追い払った。帰宅した晋太郎先生に、晋三がそれを自慢したら「コートくらい、やればよかったのに」と言われたと、晋三本人から聞いたことがある。

晋三も、素直で人がいいところは、父親譲りだろう。でも、若い頃は気弱な青年だった。

'99年、小渕恵三内閣で俺が政調会長だったときのことだ。まだ駆け出しだった晋三は、党の社会部会長をしていた。翌年に始まる予定の介護保険制度について、俺は「子が親の面倒を見る美風を損なうような制度はよくない」として、「介護サービスを受けない家族に対しては、慰労金を渡す」という文言を法案に入れるように指示した。

法案を出すには自民党の社会部会を通さないといけない。厚生省（当時）の役人は俺の文言の入った法案をひっくり返そうとして、部会は揉めに揉めた。

すると、晋三が血相を変え、政調会長室に飛び込んできて、泣き言を言うのだ。

「社会部会が紛糾していて、政調会長が説明してくれないと収まりません！」

仕方ねぇなぁと思いながら、俺が部会に行って場を収め、すぐに部屋に戻った。ところが5分もしないうちに晋三がまたやってきた。

「会長に出ていかれたら、了承できないと言っています」

俺は思わず怒鳴りつけた。「ばか野郎、お前は社会部会長だろう。政調会長が行って皆が納得したと言ってるのに、その後を収められずにどうするんだ」

社会部会長のときの晋三は、俺に怒鳴られた思い出しかないだろう。宴会に来ても、同期の荒井広幸と一緒に、宴会芸ばかりやらされていた晋三が、父も成しえなかった一国の長に登りつめたのは感慨深い。この男には運がある。そうでなければ、2度も総理の座に就くことなどできないのだ。

晋三は、第1次政権を'07年に投げ出した時点で、2度目はないと考えていたはずだ。すでに自民党を離党して国民新党を立ち上げていた俺は、そのとき晋三を誘ったことがある。

「お前、このまま自民党におっても総理・総裁は難しいぞ。だからバイパスを通れ。こっちの新党に加わるんだ。どうだ？」

少し気が動いたようだった。

総理時代には、妻・昭恵さんの問題がたびたび浮上した。あれだけ放任して、問題を起こされても変わらず庇《かば》い続けたのは驚きだった。俺も昭恵さんには何度か会ったが、良家のお嬢さんにしてはまったく偉ぶらないし、非常に庶民的な匂いがする女性だ。

そもそも総理夫人は亭主の奴隷じゃないし、付属品でもない。独立した人格を持っている。それで社会的な活動をやるのは悪いことではない。

小泉純一郎

風を読み切る「天才」の本性

’82年のこと。同じ清和会（福田派）で、小泉純一郎は俺の2期先輩だった。福田赳夫先生が派閥の朝食会で、総裁選での「総総分離」について、一席ぶっているときのことだ。総理大臣と自民党総裁を分離し、「中曽根総理・福田総裁」とする案に、党執行部も乗ろうとしていた。

すると小泉が突然立ち上がり、「この戦いは大義がない」とものすごい剣幕で主張しはじめたのだ。派閥間で談合すべきではないという考えだったのだろう。

早々に、総総分離案は立ち消えとなった。その後安倍晋太郎先生もお亡くなりになり、気がつけば清和会では森喜朗とともに三塚博を総裁候補に担ぎ上げ、派閥を3人で牛耳りはじめた。こ

っちは面白くなかったので、「こんな派閥、おるもんかい」と言って、20人をひき連れて出て行った。それで小泉とは袂を分かつことになる。

小泉は'01年の総裁選で勝利した。俺も出馬していたのだが、塩川正十郎さんから直接頼まれたこともあり、議員投票の前に、小泉と9項目の政策協定を結んで辞退した。ところが小泉は、自分が勝った途端に協定を平気で破り、ただの一つも守らなかった。

就任直後、俺は官邸に3度も行って、こう抗議した。

「純ちゃん、お前、約束破ってばっかりいるけど、どうするんだ」

しかし小泉は、こうはぐらかす。

「まあ亀ちゃん、そう言うな、そう言うな。そのうち、ちゃんとやるから」

あとは例によって女の話ばかりである。最後には「今朝な、夢精したよ。官邸というのは入るもんじゃないぞ」なんてことを言ってくる。いつもこうなのだ。俺も大人だから、怒鳴るわけにもいかず引き下がった。暖簾に腕押し。言っても無駄だ。思い起こせば冒頭で書いたように、小泉は恩人の福田赳夫先生を責めた男である。してやられたのだ。

一方、お人好しの森喜朗には小泉を止める力がなく、もう言いなりだった。福田康夫や森も新自由主義とは肌合いが違うのだが、後藤田正晴さんが言うように「血は水よりも濃し」で、清和会が一体になって新保守・新自由主義を後押ししてしまったのだ。

今もそうだが、政権にとっては政策の中身など関係なく、単に人間のつながりなのだ。小泉は「構造改革」と銘打ち、新自由主義的な政策に突き進んだ。しかし、彼は特別勉強した男ではない。アメリカかぶれした竹中平蔵をブレーンにしていたくらいだから、推して知るべしだ。竹中の言いなりで政策を進めた小泉政権は、ひとことで言うと「人災」だ。怪しい笛吹き男の笛の音につられて、ネズミの大群がまさに海に飛び込もうとしていた。「構造改革」という名称こそ掲げているが、実質的には「改悪」だったのだ。

だが小泉は天才だ。その時の直感で、勘で行ってしまう。論理的に積み上げて政策をやるのではなく、結局は力の強いものを強くすれば他も強くなるという考えに囚われていたにすぎない。俺は、日本には土着の思想があるのだから、強者が弱者を飲み込むような政策には反対だ。小泉のやっていることは、改革ではなく破壊にしか見えなかった。構造改革自体には賛成だが、小泉の改革は間違いだらけだったと思っている。金持ちさえ都合が良ければそれでいいというだけのものだったからだ。

当時、俺と江藤隆美さんが反小泉の急先鋒だった。小泉政権による「破壊」が続けば、日本はアメリカと中国の狭間で溶けてなくなると思った。中小零細企業からの貸し剝がし、地方の切り捨て、外資や大手企業を優遇する政策が顕著だったのだ。

俺は'03年の総裁選に出馬し、直接対決をしたが、結果は伴わず、小泉政権に歯止めをかけることはできなかった。続く'05年の「郵政解散」はめちゃくちゃだった。郵政改革関連法案は衆議院では可決したものの、参議院では反対多数。すると小泉は、衆議院解散という奇策で流れを作り、俺の選挙区には刺客として「ホリエモン」こと堀江貴文を送り込んだ。衆院選後には俺はあっけなく自民党を除名となった。

今、小泉は脱原発活動に熱心だ。一方の俺は自然エネルギー事業をやる実業家だ。図らずもお互いに「脱原発」で同じ方向を向いているから、不思議なものだ。会って話すことはないが、じじい同士、お互い頑張ってやっていきたいものだ。

菅 義偉

「冴えない男」と歩いた横浜の街

最初の出会いは'96年、菅が衆院選に初挑戦したときだった。俺は「横浜のドン」の異名を持つ藤木企業会長・藤木幸夫さんと親交があった。横浜港運協会前会長の藤木さんは、いわずと知れた「港湾のボス」である。横浜でのカジノ誘致反対でも話題になった。

俺は建設大臣や運輸大臣も務めたが、港湾議員連盟の会長もやっていたから、港湾関係には通暁している。清水次郎長は、清水の辺りの親分にすぎなかったが、俺は全国の親分だった。藤木さんとも親しく、彼も俺の子分を自任していた時期もある。

その藤木さんの子分が菅だった。藤木さんは横浜を地盤とする小此木彦三郎先生の有力後援者で、小此木先生の秘書だった菅は、横浜市会議員になった。その過程で藤木さんに随分と可愛が

られていた。藤木さんが、「今度、市会議員をやっている菅というのが衆議院選挙に出るから、応援してやってくれ」と言うので、俺は菅の初選挙で横浜の街を回った。

菅の当時の印象は、はっきり言うと「冴えない男」。秋田から集団就職で上京してきた苦労人という触れ込みだったが、笑顔がなく、暗い男だった。

菅の最初の選挙は激戦だった。小選挙区が導入されて初めての選挙で、相手は公明党の現職だった。当時の公明党は新進党に参加していたため、新進党の公認候補として出ていたが、当然ながら創価学会の全面バックアップを受けていた。菅は創価学会を徹底的に批判する戦術をとった。当時は俺も創価学会批判の急先鋒だったから、その点では一致するものがあった。

結果、菅はなんとか当選を果たすが、そこからすぐに創価学会と手打ちをした。したたかな男だと思った。すっかり学会批判は影を潜め、それどころか今では創価学会との強いパイプを武器にしている。「昨日の敵は今日の友」という政治の格言を地で行っている。

議員になってからも、菅は官房長官だった梶山静六さんのことを慕っていた。'98年の総裁選で梶山さんが出馬した際は、小渕派を離脱してまで応援していた。俺も梶山さんを応援したが、俺は党幹部として、菅は若手議員の一人としての応援で、立場は少し異なった。

俺と菅で決定的に違うのは、郵政に対する考え方だった。菅は郵政民営化に賛成し、第1次安倍政権では総務大臣と郵政民営化担当大臣を兼務した。一方の俺は、郵政民営化に体を張って反対し続け、'09年の政権交代後には郵政改革担当大臣として民営化を食い止めた。

俺が「郵政改革法案」を通過させたことは、民営化推進論者からはあり得ない暴挙に映っただろうが、本来あるべき郵便局の姿を考えれば、当たり前の「改革」だったと考える。

この政府案に、'10年5月、法案を審議する総務委員会で誰よりも強硬に噛み付いてきたのが菅だった。俺はこう切り返してやった。

「残念ながら、あなたのような優秀な議員と基本的な郵政のあり方への考え方が違ったわけでありますし、(菅)委員が今のこの惨憺たる郵政事業の実態を見られてもなお同じ考えを持っておられることが、私には極めて不思議でありますと同時に、残念であります」

菅のような民営化論者からしたら、民営化に逆行することはすべてが悪に映る。それでは議論のしようがないだろう、というのが正直な感想だった。

郵政については、その後「ねじれ国会」となり膠着状態が続いたが、'12年にようやく、郵政民営化法を改正することで決着がついた。俺の当初案からは後退してしまったものの、過度な民営化を一定程度抑制できたと思う。俺は大臣として、国会審議で「我々は民意に沿う政治をやっている」と言ったが、郵政の問題とは、まさに国民の方を向いているかどうかだ。その点において、菅が俺とまったく逆の方向を向いていたのは残念だった。

ただし、俺からすれば当時の菅を、論戦の相手として意識したことさえなかった。そんな菅が、わずか数年後には官房長官として永田町に君臨し、総理にまでなったのだから、政治はわからないものだ。安倍政権が長く続いたのも、菅の功績が大きかった。調整能力が高いのだろう。

今も菅の姿を見ると、冴えない男だった初当選時代のことを思い出す。

森 喜朗

密室で「森総理」を決めた日

森喜朗とは同じ清和会に所属していたから、俺が初当選した時からの長い付き合いになる。向こうが政治家としては先輩だが、年齢はほぼ同じだったこともあり、仲良くしてきた。それにならい、ここでも森と呼ばせてもらおう。当時の清和会には、福田赳夫先生と安倍晋太郎先生の2つの大きなグループがあった。森は福田先生直系だった。一方の俺は、福田先生にも安倍先生にもよくしてもらっていたので立場は違った。

俺が'03年に総裁選に出馬した時も、森は清和会で福田直系である小泉を応援し、俺のことは一切応援してくれなかった。そうは言っても、俺は森とは喧嘩したことがない。あれは本当に人柄が良くて、いい男だ。だから付き合いやすかったのだ。

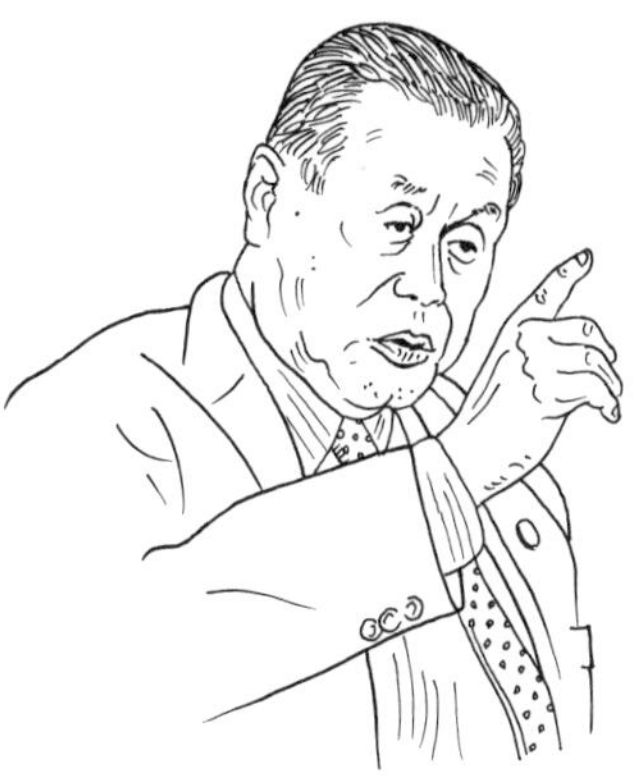

「なんで森みたいなのが総理になれたんだ」と言う人がいる。その理由はズバリ「他人への配慮」だ。上にも下にも、人に対して配慮するのが、ものすごく上手かった。だから、早稲田大学ラグビー部では補欠中の補欠だったにもかかわらず、総理にまで上り詰めたんだ。まさに大人《たいじん》だ。もちろん、バカなわけはない。バカでは総理にはなれない。

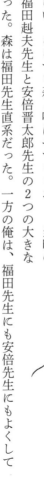

俺と森のコンビで大きな政局を仕掛けたのが、'94年のこと。自民党が野党に転落していた細川・羽田政権時代に、社会党と手を結んだのだ。

いま考えても奇策中の奇策だ。当然自民党内の反発は凄まじかった。森はそのとき幹事長で、俺は副幹事長だった。森は俺の意見に全面的に賛成してくれて、俺が自民党の森幹事長と社会党の野坂浩賢国対委員長との会談をセットしたのだ。

会談で森は「総理は社会党の党首でどうか」と打診した。だがこの時点では、総務会の了承も得ていない。自民党を完全に無視して、野坂さんのOKを取り付けた。森が会談から戻ってきたところで、「よくやった!」と2人で抱き合って、男泣きした。俺たちは、党内の猛反発を2人で押し切って、自社さ政権を作った。

首班指名では、自社さの総理候補である村山富市さんに対し、小沢一郎たちは自民党を離党した海部俊樹を推し、自民党にも手を突っ込んで造反票を狙った。与野党入り乱れていて、面白かった時代だ。事前の政策協議もせず、まず動いたわけだが、そうした姿勢はマスコミから袋叩きに遭いそうだった。だが、そうならなかったのは、マスコミに叩く暇さえ与えなかったからだ。奴らも俺たちの動きについてこられなかった。

森といえば思い出すのは、'00年4月、彼が総理に選ばれた「密室談合」だ。俺と青木幹雄さん、村上正邦さん、野中広務さん、森の5人でホテルニューオータニに集まった。当時、倒れた小渕恵三さんの代理を青木さんが務めていたが、「いつまでも代理を続けるわけにはいかんだろう」と、俺と村上さんが森に水を向けた。

「あんた、やりたいんだろ」

するとと、森は「待ってました」と言わんばかりの表情だった。それで決まった。

人徳があったからだと言ってもいいだろう。青木さんは早稲田の先輩で森と仲が良かったし、誰も反対しなかった。

俺はその小渕総理の時も、続く森総理の時も政調会長を務めた。当時の自民党の政調会長は、政策をすべて取り仕切っていた。思い切った公共事業の見直しをし、全国で4兆円以上をカットしたが、反発が凄まじく、あちこちで「亀井を殺せ」とまで言われたものだ。だがそんな俺に、森も「おお、亀ちゃん、全部任せるわ！」という調子だった。

森は「えひめ丸事故」の時に、ゴルフをしていたことでマスコミに叩かれた。支持率が8％にまで落ち込み、政権は終わった。だが、あれはテレビがいけない。ちょっとしかやっていないゴルフの映像ばかり何度も何度も流すから、悪いイメージが作り上げられてしまった。

もっとも、それで影響される国民がアホだということだ。これははっきり言っておきたい。あいうふうにマスコミに叩かれて辞めるのは、本当におかしな話だ。今はお互い政治家を引退しているが、変わらず友達づきあいができるのは、森の人柄のよさゆえだ。

石破 茂

おい、本当に総理をやる気はあるか

石破茂の親父は、石破二朗という。旧内務省の官僚から鳥取県知事になった。

それはもう、おっかない男だった。俺は警察官僚時代、鳥取県警の警務部長をしていたことがある。そのときの知事が石破二朗だった。その恐ろしさたるや、当時、警察庁で最も怖がられていた後藤田正晴以上だった。石破知事のもとへ予算折衝に行くと、こう言うのである。

「おい、亀井君、予算はつけなくていいだろう。現地調達しろ」

焦った俺が「そんなことできないですよ」と言うと、知事はこう返してくる。

「俺が内務官僚時代に本庁の署長をやっていた時には、全部管内で現地調達していたぞ」

だが、あの親父が警察署長を務めたのは、戦前の話である。「時代が違いますよ」と苦笑いするしかなかった。俺もまだ20代の若造だった。おっかない知事と話をするときには、さすがの俺でも足がガタガタ震えていた。

石破の親父は、東京帝大法学部卒の内務省官僚だから超エリートだが、不思議と知性の匂いがまったくしなかった。息子の茂は、そんな親父が築いた地盤で選挙に出ているのだから、楽なものである。

親父との縁があったから、石破が代議士になってからというもの、俺は折に触れて気にかけてきた。石破は一度、自民党を離党している。'93年に自民党が野党に転落し、離党者が相次ぎ、石破もそこに加わった。結局、幹事長だった森喜朗と俺の2人で、どうにか「自社さ」政権樹立に持ち込み自民党を政権へ復帰させたが、苦しい時期だった。政権復帰後、石破ら離党組が復党を求めてきた時に、話が簡単に進まなかったのは当然だ。党内からかなりの反発があったからだ。

ただし、石破には気の毒な事情もあった。離党した理由に、渡辺美智雄の存在があったのだ。ミッチーが離党し、小沢一郎と組んでポスト細川護煕を狙う計画の中で、その先遣隊として石破は離党した。ところが当のミッチーは、最後の最後で離党しなかった。石破は「捨て子」になってしまったのだ。そういう意味で、石破にはおっちょこちょいなところがある。

自民党に復党してからの石破は、防衛大臣や農水大臣などを歴任し、目指すは総理というところまできた。親父に比べるとかなり柔らかいし、怖さもなくて、いい男だ。うまくやれば天下も取れないわけではないと思う。

だが、このままのやり方では全然話にならない。石破がいまいち総理候補として存在感を示せないのは、なぜなのか。ズバリ言えば、総裁選のときしか動かないからだ。戦いというのは、平時から兵を養い、ゲリラ戦から何から、どんどん仕掛けていくものだ。

もっと鋭角的な言動をすべきだ。戦う姿勢がいい加減だから、メディアも本気にしないのだ。

少し陰気なところのある石破は、仲間の作り方にも問題がある。薄暗いホテルのレストランやバーでウイスキーを舐めているようでは駄目だ。料亭の座敷で膝を突き合わせて、酒を酌み交わさないといけない。そこで一緒になって、総理の悪口を語り合うのだ。血を結ぶにはそれなりの儀式をやらないといけない。

さらに大事なのは、仲間に金を配ることだ。俺が総裁選に出たときは、十五、六億円くらいかかった。盆暮れもカネを配る。そうやって支えてくれる人間を増やしていかなければ、総理総裁なんてなれっこないのだ。

石破には、いつもそういう説教をしているが、なかなか実行に至らない。世界が自国第一主義に覆われているのだから、石破ももっと自国第一主義の主張をすべきだと思う。竹島や尖閣諸島は日本の領土だ。そうした主張は、必ず一定の批判にさらされる。だがそれを恐れて、物陰に隠れているようでは話にならない。

もっと権力闘争をしないと面白くない。

衛藤晟一

自民党を黙らせた「名演説」

政治家の能力のなかでも、重要なもののひとつが演説力だ。単に演説が上手いだけならごまんといるが、たった一言で政治の流れを大きく変えることができる政治家はそうはいない。

俺の知っているなかで、最も素晴らしい演説をしたのが、衛藤晟一である。

すでに述べたように、'94年の羽田孜内閣総辞職後、俺は社会党左派の野坂浩賢さんと、自社連携による政権奪還に向けて動いた。社会党委員長の村山富市さんを首班指名することに決めたが、先にマスコミに知れわたれば、自民党内で潰される。俺と森喜朗は、村山首班の既成事実を作り、自民党総務会の了承もとらないことにした。

それからすぐに俺と森、国対委員長の小里貞利、社会党の野坂浩賢、久保亘とで集まり、村山富市指名で行くということを伝えた。久保は驚いて「これは正式な自民党の決定か？」と聞く。するとと森は、こう返した。「俺が幹事長だ。それ以上言う必要はない！」

実に冴え渡った回答だ。そこで勝負はついた。野坂たちが帰った後、小里は小躍りしていた

し、森はボロボロ涙を流していた。こうして自社連立の道筋は付き、後は首班指名を残すところとなった。自民党内でどうやって正式に村山擁立を認めさせるかが問題だ。通常なら総務会を経て両院議員総会にかけるが、それだと総会にかける前に潰される。

森は、総務会なし、両院議員総会一発で行くと決めた。6月29日の総会当日は、案の定「反対！　反対！」の大合唱で荒れた。中曽根派を中心に、議員たちが次々とマイクを握って「社会党の委員長など、絶対に認めることはできない！」と烈火のごとく怒り、まくしたてる。

そうなると中曽根派以外の連中も、「そうだ、そうだ」と賛同して収拾がつかなくなった。彼らの言い分ももっともで、社会党の委員長を自民党が担ぐのが邪道でしかないことは俺もわかっていたのだが、予想以上の反発に、どうなることかと考えあぐねていた。

そのときだ。俺のすぐ側に座っていた衛藤晟一がスッと立ち上がった。前に行ってマイクを奪い取ると、声涙ともに下る大演説を始めたのだ。

「皆さん、こういう決定をして、誰が一番悲痛な思いでいると思いますか。それは総裁の河野先生ではないですか。私の選挙区は村山委員長と同じ大分1区で、村山委員長とはわずか四、五百メートル離れたところに住んでおります。次の選挙は現職の総理大臣と戦うことになるんです。皆さん、お分かりですか。私はそれだけ大きな荷物を背負っても、我が党のことを思えばこそ村山首班に賛成いたします。

日本国のためには村山総理にするしかないじゃないですか！」

迫力ある声でこう言い放った瞬間、あれだけ騒がしかった会場が、水を打ったように静まり返った。まさに鶴の一声で、反対の空気を打ち払い、自民党内で「村山総理」の存在を認めさせたのだからすごい。素晴らしい名演説だった。

衛藤の名演説がなければ、多数の離反議員が出て、自民党は割れていただろう。そういう意味でも、衛藤は自社さ政権樹立の功労者のひとりだ。

衛藤は少し不器用なところはあるが、何事にも猪突猛進で突き進んでいく、筋の通った政治家だ。清和会に入ったときから付き合いが深く、俺のことを「親父、親父」と慕ってくれた。平気で物を言う面もあり、介護保険法案も臓器移植法案でも、俺と衛藤は反対と賛成に真っ二つに分かれ、激しくぶつかった。だが最終的にはいつも俺と共にいた。

俺が郵政民営化に反対したとき、彼は造反票を投じ、厚労副大臣を罷免されてまで、俺に付いてくれた。その恩は今でも忘れない。俺が政調会長時代、それまでポストに恵まれなかった安倍晋三を社会部会長（現・厚生労働部会長）に抜擢したのも、政調副会長だった衛藤に進言されたからだ。晋三が首相になるという素質を見抜いていた衛藤は、首相を目指すなら社会保障に精通すべきだと考え、推薦したのだと思う。

俺が政治家を引退したのは、衛藤のような良い相棒がいなくなったからだ。

武田良太

政治家は、行儀が悪くてちょうどいい

武田良太が、安倍内閣で'19年に初入閣を果たしたことは、俺にとって感慨深かった。

入閣が決まった日、ハワイで休養中の俺のところに、すぐに連絡があった。時差の関係で明け方5時のことだが、「そうか、良かったな。お前、大臣になっても、決して偉ぶるなよ！」と言って電話を切った。電話で叩き起こされたのにもかかわらず、嬉しさが込み上げてきた。

良太は若い頃、俺の秘書をしていた。政治家人生の第一歩から見てきた存在だ。

大平正芳政権で官房長官を務めた田中六助先生の甥にあたる。警察庁の先輩だった山田英雄元長官から「知り合いの息子が、政治家を志している。面倒をみてくれ」と言われて会ったのが、良太だった。太々《ふてぶて》しく、なかなか面構えの良い若者だ。とりあえず俺の秘書として預かることにした。俺がまだ当選5回、大臣にもなっていない頃だ。俺のカバン持ちから、ボディガード、運転手など、さまざまに働いてくれた。毎日のように一緒にラーメンを食べたのも忘れられない。

そんなある日、良太が「選挙に出るから福岡に戻る」と言う。意表を突かれた俺は、意味がわ

からず、「何の選挙だ?」と返した。良太はまだ24歳だったからだ。「衆院選です」と言うから、「お前なあ、選挙は25歳にならないと被選挙権がないんだぞ。お前はまだ24だろう」と返すと、「いや、選挙は早くても来年でしょう。その頃には25歳になっています」と言う。図太いというか、強い意志を持った男だ。

それで、'93年の衆院選で田中六助先生の地盤である旧福岡4区にチャレンジした。だが、良太の政治家人生の始まりは順風満帆からは程遠いものだった。保守分裂という混乱期が重なったこともあり、自民党公認ながら、3回続けて落選という憂き目にあったのだ。

'03年の総選挙では公認さえもらえず、無所属で戦った。普通ならとっくに音を上げる状況だが、良太の根性は半端ではない。初挑戦から10年後のこの選挙で、なんと自民党の公認候補を破って初当選を果たしたのだ。

俺はあいつの応援のため、何度となく福岡に入った。俺だけでなく、平沼赳夫や中川昭一、河村建夫といった俺に近い議員をどんどん応援に行かせた。この'03年の選挙は、良太が党公認でない以上、普通なら良太の選挙を応援できる立場ではなかったが、俺にはそんなことは関係ない。構わず応援に行った。有権者に土下座さえした。俺は自分の選挙では土下座はしないが、奴を当選させるためなら何でもするという思いだったのだ。

この初当選は、俺の応援もさることながら、本人の忍耐と強い意思が実った結果だった。何より、選挙区の人々の粘り強い支持に支えられた。その後は順調に当選を重ねている。

当選の翌年には自民党への入党が認められ、晴れて亀井派の一員となった。しかし、それも束の間のことだった。'05年の郵政選挙だ。良太は俺と一緒に郵政民営化に反対してくれたが、反対派の急先鋒だった俺は自民党を追われ、国民新党を作った。しかし良太はここには加わらず、再び無所属として出馬した。俺たちは引き裂かれてしまったのだ。

良太は俺の指導が悪かったのか、決して行儀の良い政治家とは言えない。従順でもない。どちらかといえば生意気な奴だ。しかし初当選して以来、独立独歩で道を切り開いてきた男だ。今では、現在の永田町で最も老練な実力者・二階俊博のもとで研鑽し、将来有望な存在となった。

政治家である以上、少し毒を持っているくらいが、ちょうど良い。自分の意思で行動できる者が頭角を現す世界だ。良太には「年齢から考えれば、塀の中に落ちないかぎり、お前は総理になれる」と言っている。能力のある政治家というものは、みんな刑務所の塀の上を走っているようなものだ。俺も塀の上を走り続けたが、ついぞ落ちることはなかった。

そして、世襲をさせなかった俺だからこそ、良太が育っていることが嬉しい。国民の幸福を考え、国家の安泰を図るのが政治の役割だ。総理を目指せる立場にあるのだから、特にこのことを肝に銘じてほしい。良太、ここで油断せず、良い政治家になれよ！

平沢勝栄

晋三の家庭教師、ついに入閣す

東大を出て警察官僚となり、その後政治家に転身。俺と瓜二つの人生を歩んできたのが平沢勝栄だ。世襲ではなく裸一貫の政治家として、選挙に強い点も共通している。歴史観や国家観が近く、風貌もどこか似ている。

平沢が警察庁に入ったのは、俺の6年後。埼玉県警捜査二課長として汚職事件を次々摘発、長官賞を総ナメにした俺の噂は、あいつの耳にも入っていたという。その後、俺はあさま山荘事件など極左事件の初代統括責任者として陣頭指揮をとったが、大阪府警から警察庁警備局外事課に回った平沢とは面識がなかった。

初めて顔を合わせたのは'81年頃のことだ。平沢は在英国大使館で一等書記官を務めていた。すでに政治家になっていた俺は、議員団の視察でイギリスに出張した。そこで案内役を務めたのが平沢だ。警察内での俺の評判を聞いていた平沢は、初めはビビっていたようだが、俺の話を熱心に聞いていたのを覚えている。

その視察では、鳥取県警時代から親交があった、社会党の実力者・野坂浩賢も合流した。俺と野坂がハイヤー内で政治について熱く語ったときも、平沢は助手席で熱心に耳を傾けていた。自民党と社会党の代議士がここまで親しいことに、面食らったようだ。「政治は、昼の国会だけでできるものではないと、身をもって知りました」と驚いていた。

平沢は官僚のまま後藤田正晴内閣官房長官の秘書官となったから、官房長官室でよく顔を合わせた。俺は警察時代から後藤田さんに睨まれていたが、平沢は可愛がられていたから、警察キャリアとしていい線を行くと思っていた。ところが平沢は、このポストの後に就いた警視庁防犯部長時代、行儀の悪さが知れ渡り、岡山県警本部長に左遷される。岡山でも治まらず、最後は離島の防衛庁長官官房審議官に飛ばされてしまった。出世コースから大きく外れたことで、平沢は警察庁に見切りをつけ、政治家になった。

行儀に多少の問題があっても一生懸命仕事をし、生きることが大事だ。よく似た境遇を歩む平沢を見て、自分の若かりし頃を思いだし、放っておけないところがあった。

平沢は'96年の総選挙に初出馬する。選挙区の東京17区の対抗馬は、公明党の山口那津男（当時は新進党から出馬）だった。相手は創価学会の全面支援だから、当初はかなりの苦戦が予想されていた。自民党の選対も、落下傘の平沢ではどうあがいても勝てないと踏んでいた。

しかし俺は、戦い方次第で必ず勝てると考えて、平沢に選挙戦の極意を伝授した。

「今みたいにちょこちょこ学会批判をしているだけなら、お前は絶対に当選できねえ。選挙区の全員が学会系ではない。少数派の創価学会を敵にまわせば、多数派の有権者はお前の味方に付く。党本部に何を言われようと、徹底的に創価学会を批判しろ。俺の言った通りにやれば、必ずお前は当選する！」

俺自身も学会とは相当にやり合ってきた。選挙のたびに学会員たちが、「亀井静香を殺せ！ぶっ殺せ！」と呼号しつつ、南無妙法蓮華経を唱えてきたこともあった。だが何も怖くはなかった。彼らに勝つ極意を知っていたからだ。平沢は俺の戦い方を実践し、見事に当選。以降8期連続で当選を続けている。'09年に自民党が下野したときさえ、圧倒的な支持で勝った。初当選以来、地元の人たちを大切にしてきたからに他ならない。

国会会期中も、わずかでも時間が空けば地元に戻り、会合やお祭り、冠婚葬祭をハシゴする。自分が行けないときも、秘書を挨拶に向かわせる。タバコを買うときは、一箱ごとに買う店を変え、散髪するときは毎回違う店だ。選挙民に顔を覚えてもらう意味もあるが、最大の目的は、地元の人たちが何に困っているか、生の声を聞くためだ。

平沢が選挙に強いのは、このマメさに尽きる。ここまで地べたを這いずり回ることのできる政治家は、そういない。能力も高く、広い人脈の持ち主なのに、菅政権で復興大臣になるまで長いあいだ入閣できなかった理由のひとつは、平沢が安倍晋三の小学校時代、家庭教師を務めていたことだろう。そのとき、晋三に「頭が悪い」と言い過ぎたようだ。晋三は根に持つような奴ではないが、そんなことを言われたら誰でも面白くないだろう。まあともかく、菅内閣では入閣を果たせてよかった。混迷の時代を、平沢が先頭に立ってくぐり抜けてほしいと願う。

下村博文

俺の息子との知られざる因縁

小選挙区制になって最初の総選挙が行われ、政界再編の風が吹き荒れた'96年に、下村博文は都議会議員から国政へ転じて初当選を果たした。小沢一郎が自民党を離脱して作った新生党が、公明党などと新進党なる新党を作り、前年の参院選で自民党に匹敵する支持を集めた。俺は当時自民党の組織広報本部長だったから、全国津々浦々を回り、危ない選挙区に活を入れた。新進党の強さの源泉は公明党の組織票、つまりその支持母体である創価学会の強さだった。だから俺は野中広務とともに、徹底的に公明党批判を展開した。

下村の出た東京11区も新進党候補との争いだった。しかも当初の調査では相手候補が優勢で、俺は下村の選挙区にも何度も入った。その甲斐あってか、下村は終盤に逆転して当選した。

下村とは、個人的な因縁もある。実は俺の息子が、下村の選挙区から出馬するかもしれなかったんだ。息子は東京11区の板橋区で開業医をやっている。受け持つ患者が何百人もいるうえ、父親が亀井静香だから、選挙があるたび医師会などから担がれそうになった。

本人も全く色気がなかったわけじゃないが、俺は息子を下村と喧嘩させたくなかった。親バカ

のようだが、息子が出れば結構強かったんじゃないかと思う。でも、「絶対ダメだ」と立候補を諦めさせた。下村もこの件を気にしていたが、俺は下村に「絶対に出さないから心配するな」と言った。政治家とはあくまで有権者のしもべだ。やるなら自分で決意し、親の力など頼らず自力で当選しないとダメだ。俺の息子はいま、下村の応援者の一人になっている。

国会議員になった下村は、俺と同じ清和会に入ったが、その後あまり接点がなかった。再び会うようになったきっかけの一つが、憲法改正だ。第2次安倍晋三政権で、下村が自民党の憲法改正推進本部長をしていたことがある。下村から相談を受けた俺は、「改憲に積極的な維新と国民民主党を合わせて、4党で進めるべきだ」と進言した。結局、国民民主党の賛同が得られず、うまく進まなかったから、下村には申し訳ないことをした。

下村はこの間まで、自民党の政調会長をやっていた。最近は幹事長が強くなり、政調会長の存在感がめっきりなくなってしまっているが、本来は相当な権力をふるえるポストだった。

思うにポストというのは、就く人によって権限が大きくなったり小さくなったりする。本人のやる気と力量でいくらでも変わる。下村は政調会長として、もう少しコロナ対策で指導力を発揮すべきだったと思う。地域の事情に合わせるなど、もっとはっきりとした対策を打ち出す必要があったんじゃないか。

こういう危機は政治家にとって、己の力量を示すチャンスでもある。難局の中で力を発揮してこそ、裁量は大きくなる。そして、自ずと総裁候補への道も開けてくるというものだ。

古屋圭司

亀井派を支えた名コーディネーター

俺が清和会（当時・三塚派）から飛び出し、亀井派を立ち上げたのは’98年9月のこと。山中貞則さんや中山正暉さんなど実力派の議員が集まり、翌年には志帥会（村上・亀井派）として、衆参合わせて60人規模の大派閥になった。毎晩料亭で侃々諤々《かんかんがくがく》と語り合ったのも懐かしい。

そんな血気盛んな連中のなかで、中堅から若手をまとめていたのが古屋圭司だ。江藤拓や武田良太も、当時はまだペーペーだ。圭司が世話役になり、連中の面倒を見ていた。

この派閥結成前に、「日本再生会議」という超派閥の政策勉強会を作ったことがある。圭司は、俺の清和会離脱にあたって行動を共にし、日本再生会議では事務局長として一生懸命動いてくれた。「事務所をすぐに探して契約しろ！」と指示をすれば、急いで探して、家主と交渉して確保してくる。「1週間で部屋の内装をしろ！」と言えば、その通りに仕上げてくる。政治家とは行動し、結果を出すものだ。圭司はそれを地で行く男で、非常に頼りになる存在だった。日本再生会議は、俺の子分である圭司や衛藤晟一、河村建夫が立ち働いたほか、派閥外の連中もたくさん賛同してくれて、それが後の志帥会設立の源流になっていった。

亀井派を作るときも、俺が話をまとめた後、圭司が細かい部分を調整し、準備をしてくれた。俺の子分には、隙あらば自分が前に出てやろうという猛者が多かったが、圭司は違った。みずから手柄を取りにいくタイプではない。国家公安委員長を務めたこともあるが、人をかきわけてまで大臣をやりたがる男ではない。だが彼の言うことなら誰もが納得するくらい、人望が厚かった。

人間性だけでなく、企画力にも優れていた。俺が総裁選に出たとき、広報担当を引き受けてくれたことがある。アピールするのに一番良い方法を考えたり、俺の政策をまとめたパンフレットやリーフレットを作ったり、総裁選でのイベントの企画や準備にいたるまで、すべてをやってくれた。実に器用な男で頭が良いから、彼に任せておけば何も心配はなかった。いわば、亀井派の名コーディネーターである。

一番助けられたのが、俺が政調会長時代にやった介護保険法の見直しだ。介護保険制度の導入が迫る直前、急遽、保険料の徴収を半年間先延ばしにすることを決断した。

厚労省の幹部が「子が親の面倒をみるのは時代遅れで、社会がみるべきだ」と洗脳された結果、できたのが介護保険法だ。だが、俺は、「親子の絆をなくすような介護保険を運用するわけにはいかない。子が親をちゃんとみている家庭には、10万円の現金給付をすべきだ」と考えた。

当時の与党は、この保険料徴収の先延ばしに猛反発した。だが俺は、政調副会長を務めていた圭司に連絡して「絶対にやれ！」と指示を出した。彼も「えっ！　嘘でしょ」と、かなり焦っていたが、周りの反発にも物怖じせず、関係者への根回しをしながら、混乱を回避することに成功した。その働きで介護保険はうまく離陸させることができたのだ。

圭司は俺の世話人のような男だった。時には料亭で、芸者の三味線にあわせ、特技のクラリネットを吹いて場を和ませる。政界にホラ吹きは多いが、圭司はプロ級の笛吹きで、演奏そのものも上手いのだ。俺が政調会長になった時には、お祝いに日本刀をプレゼントしてくれた。かなりの名刀だったが、何かの手違いで一度、これが人の手に渡ってしまった。すぐに自腹で買い戻し、大切な宝物として、それ以来厳重に管理している。

従順だった圭司が、一度だけ反発したことがあった。俺が死刑制度の廃止を主張したときだ。圭司は「被害者家族の気持ちもあるから、死刑には賛成です」と、はじめて俺に反発してきたのだ。だが俺は「どんな凶悪犯であっても人間には魂がある。人の命は重い。俺は絶対に死刑廃止はやる」と突っぱねた。結局、最後には圭司が折れて俺の主張を受け入れ、死刑廃止運動に動いてくれた。納得できれば、それに応じて筋を通して動いてくれるのが圭司という男である。郵政解散の時も、俺と一緒に造反して行動を共にしてくれた。

彼がいなければ俺は派閥など率いることができなかった。永田町随一の、名コーディネーターである。

竹本直一

「暗闇の牛」が見せた人情

'19年の内閣改造で、竹本直一が入閣できたときは、ホッとしたものだ。当選8期目ながら「万年待機組」のままで入閣がかなわず、俺の心配のタネだった。

竹本は、能力抜群でフットワークも軽い。人のために労を惜しまず動ける男だ。慣例からいえばとっくに大臣になっていておかしくない。それなのに入閣がここまで遅れたのは、自分が「暗闇の牛」であることに気付かなかったからだ。マメな奴で、誰かに頼まれればすぐに動き回れるのに、どこかのっそりしていて目立たない。不器用で、人を集めるのが苦手なのだ。

京大法学部を出た竹本は建設省の官僚となった。役人時代にはアメリカのコロンビア大学大学院に留学し、語学も堪能だ。'96年に初当選してからは積極的に議員外交に取り組み、国内外の友好議員連盟の要職を務め、各国との経済・文化交流の発展に寄与してきた。その功績で'16年にはフランスからレジオン・ドヌール勲章まで授与された。大阪万博についても、竹本が海外人脈を活かし、各国要人に頭を下げたことで、誘致成功に寄与した。78歳にしてようやく大臣の椅子に座ることができた。暗闇の牛が、ようやく日向に出てこられたわけだ。

竹本とは、彼の義父・平井学さんとの縁で出会った。奥さんの父親にあたる平井さんは旧内務省の警察官僚で、俺の大先輩だ。竹本のいいのは、義理と情に厚いところだ。インテリっぽいという話だったのに、無骨で泥臭い雰囲気を醸し、俺と同じ土の臭いを感じた。

彼の選挙区である大阪15区は、中選挙区時代は塩川正十郎さんの地盤だった。小選挙区制導入後の'96年に竹本はここで初当選するが、大阪13区に回った塩川さんは、現役の総務会長でありながら落選の憂き目に遭う。面子《メンツ》を保ちたい塩川さんは、当選した竹本を自身の清和会に引き入れようと画策した。だが竹本は建設省出身で、田中派の流れを汲む平成研（竹下派）に入るのが当然と思われていた。清和会と平成研で竹本の取りあいが始まった。

塩川さんは、なんと竹下さんに直談判し、「竹本から手を引いてほしい」と頭を下げた。普通ならば、ここで清和会に入るだろう。だが、そもそも塩川さんがいたせいで、4年にわたって雌伏の時を耐えることになったのだ。竹本の後援者たちは、清和会入りに納得しなかった。

運命の選択に悩んだ竹本は、結局、長年の親友・白川勝彦との友情をとって、清和会でもなく平成研でもなく、白川の属する宏池会に入ることになった。

政治家にとって、人間関係は何よりも重い。元総理の竹下さんの誘いさえ断り、筋を通したのは立派だ。そういう奴だから、派閥は違えども、俺は竹本の応援のため、選挙のたびに大阪に行って演説をしてきた。

そんな竹本も、ついに引退を表明した。こんな無機質な世の中だからこそ、竹本にはもっと長く政治家をしてほしかった。

城内 実

小泉に造反した、信念の男

どんな苦境に立たされても、己の信念を貫き通して国家・国民のために働くのが政治家だと思う。俺も現役時代、批判を恐れず、己の信じた道を貫き通してきたつもりだ。

今の永田町には、残念ながらそんな気骨のある奴が少なくなった。そのなかで、ブレずに、自分の信念を貫き通してきた数少ない現役政治家が、城内実だ。東大を卒業してから外務省に入り、ドイツの日本大使館に勤務。天皇陛下や首相のドイツ語通訳官も務めた。'03年の総選挙で無所属ながら初当選し、時の首相・小泉純一郎の出身派閥である清和会に入った。

実は、城内の親父さんと俺は、深い絆で繫がっていた。彼の親父の城内康光さんは、第15代警察庁長官を務めた立派な人物だ。群馬県警本部長や警視庁公安部長などを経て、'92年に長官に就任した。俺が警察庁に入るとき、保証人になってくれた恩人だ。東大合気道部の先輩・後輩という関係で、いつも跳ね返りの後輩の俺のことを気にかけ、可愛がってくれた。

だから俺が、その息子である城内実に目をかけるのは当然のことなのだ。

城内は、世間ウケする男前だ。目立って人気を取ろうとする奴かと思っていたのだが、会って話してみるとまったく違う。軸がしっかりしていて、義理を重んじ、礼には礼を尽くす。

城内といえば、'05年の郵政国会だ。小泉の純ちゃんが、強引に郵政民営化をやろうとしていた。城内は清和会に属しているにもかかわらず、その中で唯一、郵政民営化に反対の姿勢を示した。当時、党幹事長代理だった兄貴分・安倍晋三は、賛成にまわるよう城内を執拗に説得したが、城内はテコでも動かなかった。党幹部の武部勤や中川秀直からかかってくる連日の電話にも一切出ず、採決の日、城内は俺とともに反対票を投じた。

そのせいで、直後の総選挙では「小泉チルドレン」の刺客・片山さつきを選挙区に送りこまれて、城内は落選してしまう。造反組として離党勧告を受け、自民党を離れたが、その次の選挙で見事国政に復帰した。城内は、今でも俺の事務所に来ては、「亀井先生、信念を通したから、今でも私を強く支持してくれる方々がいてくれる。ほんとうに良かったです」と礼を言ってくる。

いまの永田町で、城内と同様の強い信念を持ち合わせているのは、小泉進次郎くらいしかいないかもしれない。2人とも、日本刀で青竹を割ったようなところがある。天下を取るには強い信念だけでは足りない。オーラのあるカリスマでないと、人は魅了されない。人を束ねられる能力が備われば、いつ天下を取ってもおかしくはない。

ひとつだけ、日韓関係が難しくなったとき、城内は残念な行動をとった。韓国議員との会談を避け、日韓議員連盟を退会したのだ。そんなことでは総理にはなれない。危ないところにも、勇気を持って突っ込むくらいの意気込みが大事だ。それが本物の政治家というものだ。

河村建夫

選挙は強いが「いぶし銀」の男

かつて官房長官も務めた河村建夫は、ついに先の総選挙で引退を決めたが、息の長い政治家だった。10期連続当選で、選挙は毎回圧勝。'09年の政権交代で、自民党議員が続々落選したときでも、河村は対立候補に比例復活を許さないほど大勝した。

選挙には強かったが、これほど地味な男も珍しい。長きにわたって奴が俺のためにやってくれたことはたくさんある。しかしこれといったエピソードを思い出すのが難しいのだ。

河村は山口・萩の出身だ。俺の選挙区は広島だから、同じ中国地方というよしみもあり、初当選のときから応援してきた。4期にわたって山口県議を務めていた河村は、'90年に国政進出を決める。衆院議員を13期務めた清和会の重鎮・田中龍夫先生の後継としてだ。

世襲議員は、「地盤・看板・鞄」の3つの「バン」を引き継ぐといわれる。支持母体、知名度、それに選挙資金だ。ところが河村の場合、田中先生からその3つに留まらず、事務所ごと引き継いだ。まるで「居抜き」である。ほとんど田中先生の養子に入ったようなもので、河村の誠実な人柄が見込まれたことがわかる。

だが、苦労せず当選したわけではない。'90年当時はまだ中選挙区制で、河村と同じ選挙区に、自民党で清和会の領袖である安倍晋太郎先生が出馬していた。河村と近い議員も、派閥トップの実力者である安倍先生に楯突いたと思われるのが嫌で、なかなか河村の応援には行けなかった。しかし、俺は構わず応援に駆けつけ、全力で応援した。4人枠の選挙区で、河村は最下位の4番目の得票でなんとか初当選した。

このことに恩義を感じたのか、当選後、河村は俺についてきてくれた。清和会に入り、俺の弟分のような存在となった。行動を共にし、一緒にいる時間も長くなった。

'98年8月、俺が作った派閥横断の政策勉強会・日本再生会議の初会合には、清和会（三塚派）から平沼赳夫、桜井新ら21人をはじめとして、宮澤派の麻生太郎から旧渡辺派の島村宜伸にいたるまで、各派閥から37人が出席した。さらに与謝野馨ら15人も代理出席の形で名を連ねた。このとき、古屋圭司とともに縁の下の力持ちをやってくれたのが河村だった。俺は大きなことを決めるのは得意だが、実務的なことをコツコツやるのは苦手だ。河村のおかげで、俺の政治活動が幅の狭いものにならずに済んだ。

'01年の総裁選で、俺が小泉純一郎と政策協定を結び、土壇場で本選への出馬を辞退したときも、総裁選前夜に政策協定の文案を作ってくれたのが河村だった。協定を結んだ際、小泉が連れてきたのが安倍晋三、俺が連れて行ったのが河村だった。それほど頼りにしていたのだ。

しかし最終的に河村と引き裂かれることになったのは、この小泉がきっかけだった。河村は、小泉内閣では文部科学大臣を務めていた。当時、郵政民営化法案が参議院で否決されれば、小泉は衆議院解散に打って出るのでは、という見方が広がっていた。河村は俺に「総理は絶対解散しますよ」と忠告してきた。俺は「(解散は)ありえない」と決めつけていたが、結果的には間違った。郵政解散だ。民営化に反対した俺は党から除名され、河村は大臣として閣議で小泉の提案に賛成した。以来、河村とは派閥どころか、党さえ違うところで生きることになった。俺は、いかに河村の存在が大きかったかと痛感させられた。

ただし、俺の作った志帥会がいまも存続しているのは河村のおかげだ。二階派となり、当時とはまったく姿も形も変わってしまったが、俺の腹心だった河村や武田良太がここに所属しているから、志帥会を作った時の理念が今も生きているように感じられて、嬉しいのだ。

俺が引退してから休眠状態になっていた死刑廃止議員連盟もそうだ。死刑廃止は、表だって主張すると「票が減る」と思う議員が多く、積極的な者が少ない。ところが河村は、これをリニューアルした「日本の死刑制度の今後を考える議員の会」を設立し、会長になってくれた。誰もやりたがらないこと、目立たないことでも一生懸命やってくれる。

地味だが信頼できる、いぶし銀。河村とはそういう男だ。

二階俊博

「晋三に花道を」と、俺は二階に言った

自民党幹事長を長く務めた二階俊博は、代議士としては俺の2期後輩になる。34年という長期間にわたり、同じ時間を国会で過ごしてきた。

もともと派閥が違ったうえに、すれ違いも多かった。二階は小沢一郎について自民党を飛び出し、後に復党するも、今度は俺が自民党を出た。そういう意味で直接的な接点は少ない。だが、俺が作った派閥「志帥会」を引き継いだのが二階であるという事実は忘れてはならない。

志帥会は、俺がいなくなってから雰囲気が大きく変わった。もとは清和会の系譜に連なる、血の気の多い野武士集団だったが、俺の直系だった衛藤晟一や河村建夫、古屋圭司といった連中には、なかなか大変だった。力のある二階が、居抜きで派閥を牛耳ることになったのは自然の流れだ。

平成以後の自民党には、利害調整ができて、党内の空気に敏感に反応しつつ策を立てて動き、さらには義理人情で接するという調整型の政治家がいなくなった。二階は昔ながらの調整型政治家の筆頭格で、だからこそ評価が高まったのだと思う。

'20年9月、二階は田中角栄先生を抜き幹事長在職日数で歴代1位になった。ただし、これだけ長くできたのは、自民党が弱くなっていることの裏返しでもある。昔は必ず反主流派がいて、常に権力闘争をしていた。いまは権力を腕ずくで奪い取る強盗のような政治家がいなくなってしまった。中選挙区制が廃止されたとはいえ、公認権とカネを握る幹事長というポストを、最大限に使いこなしたのが二階なのだ。

二階が自民党に戻ってきたのは、'03年の総選挙で保守新党が惨敗し、自民党に吸収されたためだった。残念ながら、その後俺が一緒に過ごした期間は短い。先にも述べたように、郵政民営化のせいだ。

閣僚経験者だった二階は、小泉純一郎に重宝され、'04年には選挙を仕切る総務局長のポジションを与えられた。翌年になると、小泉が強行した郵政民営化関連法案を審議する特別委員会の委員長に起用された。

党の選挙要職を務めている人物を委員長に起用するのは、異例のことだった。これでは、「郵政民営化に反対する議員は選挙で支援しない」と言っているようなものだ。当時の小泉は、国会人事に介入してまで、好き放題をやっていたのだ。選挙に突入すると、この二階が陣頭指揮をして、「党の考えと違う主張をする候補には対抗馬をぶつける」と言い、刺客を立てまくった。

その結果、俺は自民党を離れることになった。一方で選挙大勝の功績から、二階の地位は高まった。当時の俺からすれば、二階など大した存在ではなかったが、それから16年、気がつけば二階は自民党の最大権力者まで上りつめた。

二階は、東アジア外交にも力を入れている。韓国の文喜相国会議長（当時）が’19年11月に来日したときの話だ。俺は文議長とは、文在寅大統領の就任直後に特使として来日したときからの知己だ。’19年来日の表向きの理由は、G20国会議長会議に出席するためだったが、もっと大きな目的は徴用工問題解決のため、日本の政界要人と対話することだった。

文議長はその直前、徴用工問題を解決すべく、日韓の企業と個人から寄付金を募って基金を作り、元徴用工に慰謝料を支給する法案を出す考えを示していた。

ところが、久々に文議長に会った俺が「これからいろんな人に会うんだろ？」と聞くと、彼は俯き加減に「誰も会ってくれない」とつぶやく。徴用工問題を解決しようと作った法案は、日本でも歓迎されると思っていたのだが、いざ日本に来てみたら総スカンだという。困り果てて、俺のところに助けを求めてきたのだ。この法案は、韓国国内では否定的な意見も多かった。もし日本まで来て誰にも会えなければ、彼の立場がなくなる。

俺は文議長の目の前で、二階に電話してやった。「あんた、何で文議長に会ってやらないんだ？　俺が今から連れて行くから、会ってやってくれよ」

そのまま文議長を連れて自民党本部の幹事長室まで押しかけ、面会を実現させた。その面会の場で二階と対話し、渡すものを渡して、一緒に写真も撮れた。このとき二階が「近隣諸国と仲良くやるのは当然のことです」と懐深く応じたことで、文議長の面目も立った。咄嗟に、こういう対応ができる政治家は他にいない。文議長は非常に感激していた。

考えてみれば、俺の派閥を居抜きで持っていった二階は凄い男だ。志帥会にこそっと入ってきた「コソ泥」かと思っていたら、あっという間に家ごと全部乗っ取った「大泥棒」だったわけだが、大した腕である。それに留まらず、日本国まで国盗りしてしまった。

安倍晋三のような、人の良い殿様の息子では、二階のような策士には簡単にやられてしまう。二階からすれば、ちょろいものだろう。晋三は一本足の案山子みたいなもので、二階の支えがないと権力を維持できないところがあった。

その安倍政権も末期となったころ、俺は二階に直接こう言ってやった。

「晋三の花道を考えてやれよ。それがやれるかどうかはあなた次第だ」

昇った太陽は輝いたまま沈むものだ。俺は80歳で政界から引退したが、その歳を過ぎてもまだ権力の中枢にいる二階は大したものだ。元気なうちはまだまだ頑張ってほしい。

第二章

昭和を築いた13人

中曽根康弘

小泉純一郎を「無礼者!」と一喝

俺と中曽根康弘先生との関係は、学生時代まで遡る。俺が東大の合気道部時代に通っていた養神館という道場が、東京・筑土八幡にあった。中曽根先生の高崎での思想運動の拠点・青雲塾の塾長が、この養神館の館長と仲良くしていた縁で、中曽根先生は養神館に来ていたのだ。

中曽根先生を初めて見たのはそのときだ。先生は「青年将校」といわれていた。来賓者が座る一段高いところではなく、道場の床に正座して座っていたことが強く印象に残っている。「威儀正しい」という表現がしっくりくる初対面だった。

中曽根先生といえば、「上州戦争」が有名だ。高崎を中心とする旧群馬3区で、福田赳夫先生と戦った。福田派にいた俺にとって、中曽根派はいわば敵方にあたる。しかし'79年の秋、大平正芳首相で臨んだ衆院選で、自民党は議席を伸ばせず、大平退陣論が強まった。田中派に支えられていた大平派に対して、福田派や中曽根派はどちらも反主流派の立場となった。その結果、大平先生と福田先生が首班指名を争った「四十日抗争」の発生により、敵同士である中曽根先生が福田先生と一時的に手を組むことになった。

翌年5月、国会で社会党から大平先生の不信任案が出される。このとき、俺たち福田派の議員ら、自民党内の反主流派はそれに同調するかどうかで混乱を極めたが、最終的には本会議に欠席することが決まった。欠席予定の議員が出席することのないように、俺たちは議員会議室に立てこもって見張っていた。するとそこに中曽根御大が現れた。福田派の議員に対して、「勇気ある行動だ」と言って、演説をぶったのだ。俺たちは感心して聞いていた。

すると、そこにふらっと現れた中尾栄一さんが、中曽根先生を連れてそのまま本会議場に入ってしまったんだ。唖然として、何が起きたのかわからなかった。なんと中曽根先生は、土壇場も土壇場で反主流派から抜け、不信任案への反対票を投じたのだ。

結局のところ、欠席が多かったため、不信任案そのものは賛成多数で可決され、世にいう「ハプニング解散」に突入することとなった。だが中曽根先生にとっては、ここで主流派・田中サイドに身を寄せたことが、その後の総理への道につながったと思う。「風見鶏」と言われる中曽根先生らしい行動だが、政界の風を巧みに読んだからこそ、総理になれたのだ。

権力を奪取するためには、手段を選ばない。それは俺とも共通するところだ。自民党が野党に転落した後の'94年、俺は社会党と組んで与党への復帰劇を仕組んだ。中曽根先生は社会党と組むことには猛烈に反対していた。当時、首班指名の本会議前に記者会見を開き、「社会党に投票することは国益に反する」とまで言って、村山富市さんには投票しなかった。俺とは反目しあっていたわけだ。

しかしその数年後、俺は中曽根先生と同じ派閥になった。中曽根派は渡辺美智雄先生が引き継ぎ渡辺派となっていたが、その渡辺派から山崎拓が衆議院の勢力を束ねて離脱し、残党を、参議院の村上正邦さんが束ねることになった。そこで俺は村上さんと話して、渡辺派と合流したのだ。志帥会（村上・亀井派）は、こうして成立した。そして、中曽根先生に常任最高顧問になっていただいた。先生が派閥の会合に出てくることはなかったが、俺はしばしば事務所へご挨拶に伺っていた。

中曽根先生は'03年の総選挙前に議員を引退した。本人は何歳になっても議員を続ける意欲が強かったが、当時総理大臣だった小泉純一郎が「（比例代表の）73歳での議員引退を、例外なく適用する」と言って、中曽根先生を公認しない方針を打ち出し、自主的な引退を迫ったのだ。

俺は、幹事長だった安倍晋三に会いに行った。表向きは中曽根さんの公認を求めに行ったが、幹事長とはいえ晋三はまだ若手で、小泉に刃向かう力などない。俺が行ったのは、晋三から小泉の真意を探ろうと考えたからだ。すると晋三は「総理は全くぶれないです」と言う。あの純ちゃんがそこまで強く決めているとなれば、ひっくり返すのは難しい。

中曽根先生に「党は中曽根先生を支援する情勢にはなく、公認の可能性はありません。総理は引退を求める考えのようです。先に手を打たれた方がいいのではないでしょうか」と進言した。だが先生は「まあ、小泉君と会ってからにしよう」と言うのみだった。俺たちには、厳しい情勢だということがわかっていた。「中曽根先生の晩節を汚すわけにはいかない」という空気が派内で広がっていった。

その翌週、小泉本人が砂防会館にある中曽根先生の事務所にやってきた。俺はたまたま事務所に居合わせた。総理である小泉が、みずから引退勧告をしに来たのだ。

その間、俺は部屋の外に待たされていた。小泉が部屋に入るなり、ものすごい声で「無礼者！」と怒鳴る声が聞こえてきた。中曽根先生の怒号だった。断固として引退に応じない先生は、怒り狂って「政治的テロみたいなものだ」と発言した。俺も記者会見を開いて「現在まで公認されずに推移してきたこと自体が、これまでわが国に大変な貢献をしてきた中曽根氏に対して極めて非礼だ」と言って、小泉に再考を促した。

しかし、小泉執行部はビクともしなかった。同じく引退勧告されていた宮澤喜一さんがおとなしく引退を表明したこともあって、中曽根先生も最終的に観念し、引退に追い込まれた。

中曽根先生は、憲法改正という問題に一生懸命に取り組んでいたが、ついぞ実現できぬまま逝ってしまった。自民党は党是として「自主憲法制定」を掲げている以上、中曽根先生の思いをしっかり引き継いで欲しい。

竹下　登

目配り、気配り、カネ配りの三拍子

絶大な権力を握っていた竹下登さんが亡くなってから、20年以上が経った。永田町の誰よりも政界の力学を知り、「目配り、気配り、カネ配り」で総理になったと言われた竹下さんは、与野党はもちろん、財界、官界に幅広い人脈を持っていた。表から裏まで張り巡らされたその人脈には、あの中曽根先生も敵わなかった。

田中角栄さんに反旗を翻し、田中派から120人に及ぶ議員を引き連れて経世会（竹下派）を立ち上げられたのは、人間関係構築の巧みさゆえだ。竹下さんの人脈作りは、佐藤栄作政権下で、内閣官房副長官を務めたときに始まる。人脈に裏打ちされた人望の高さから、最大派閥の領袖となっていったのは、必然だろう。角栄さんが脳梗塞で倒れたこともあって、時代が竹下さんを求めていたに違いない。

俺は竹下さんの派閥ではなく、安倍晋太郎さん率いる清和会に属していたが、竹下さんのブレーンであった福本邦雄さんと交友があった。福本さんは、「福本イズム」で有名な戦前の共産党指導者・福本和夫さんの息子で、政界最後のフィクサーと呼ばれていた。福本さんのおかげで、俺は竹下さんと知り合うことになった。

もっとも竹下さんのほうは、俺が幼いときから、俺や兄貴（元参院議員の亀井郁夫）のことを知っていたという。俺の生まれ故郷、広島県庄原市川北町は、竹下さんの地元である島根県の選挙区と山を越えた隣同士だ。うちは村で下から数えて2〜3番目くらいの貧乏な百姓農家だったが、俺と兄貴の2人が東大に入ったことが評判になった。それが山を越えて竹下さんの耳に入っていたらしく、「亀さんのことは幼いときから知っていたよ。山を越えた所に2人の神童がいると聞いていたから」と言われたことがある。同じ山陰の田舎の空気を感じたし、竹下さんは青年団運動から上がってきた人だから、俺と同じように土の匂いがする苦労人だと、親近感を持った。

結成時の経世会の勢いは凄まじかった。竹下さんが中曽根裁定によって総理の座に就き、金丸さんが会長に就任。その下には、橋本龍太郎、小渕恵三、梶山静六、小沢一郎ら「七奉行」が幅をきかせ、政界を牛耳っていた。'88年にリクルート疑惑が浮上し、翌年6月に退陣した後も、竹下さんは、かつての師・田中角栄と同様にキングメーカーとして君臨した。

当時の宏池会や俺のいた清和会は、経世会に比べれば弱小派閥と言わざるを得ず、経世会の「実効支配」の前には、何も言えずじまいだった。しかし俺は、多数派の経世会が幅をきかせているのが面白くなかった。麻雀仲間だった平沼赳夫、白川勝彦らと共に派閥横断グループの自由革新連盟を結成し、反発していた。

竹下さんが退陣を決めたとき、俺は派閥の力で総裁候補が勝手に選ばれることに納得がいかず、総務会に怒鳴りこんだ。幹事長代理は、竹下派の「奉行」である橋本龍太郎だ。

橋本は表情も変えず、「竹下さんから後継者選びを委任された」とぬかす。俺たちは対抗馬として元防衛庁長官の山下元利《がんり》さんを総裁候補に擁立しようとしたが、橋龍は悪知恵を働かせ、「起立採決で総裁を決める」と言い出した。ならば党大会をぶっ壊すまでと思ったが、山下さんに止められ、弾劾演説で執行部批判を繰り返すしかできなかった。

結局、後継には竹下さんが決めた宇野宗佑が選ばれ、俺は派の方針に逆らったかどで派閥を破門された。しかし強大な権力に抵抗して暴れることができたのは、今思うと楽しい時代だった。

俺が竹下さんに歯向かったことは、数知れない。何か相談に行くと、これは彼の口癖なのだが、「そうだわな。そうだわな」と同調してくれる。ところが後になると、約束を反故にしてひっくり返すのである。

竹下さんが総理のとき、何かの法案か勉強会を立ち上げる話が出て、立ち消えになった。いつものように約束を反故にされた俺は、竹下さんの部屋に怒鳴り込んだ。竹下さんは、「亀さん、なんだい。そんなに怒って」と眼を丸くするだけだ。

「先生、ひどいじゃないですか、賛成してくれていたのに、裏で反対に回るなんて！」と言っても、竹下さんは表情を変えない。いつもの口癖で「そうだわなぁ」と言うばかりだ。腹が立った俺は言ってやった。「竹下先生、あなたは大総理で俺はぺーぺーだから、政治家として俺はかないっこない。しかし死ぬのはあんたが先だ！　あなたの命日に墓に行って、小便かけてやるから覚悟しろ！」さすがの竹下さんも「そんなこと言うなよ、勘弁しろよ」と困った顔で苦笑いしていた。この調子で飄々とかわしていくから、怒る方が馬鹿を見た。

そんな竹下さんが、みんなから人望があった理由には、カネ配りもあったと思う。派閥が違う俺のところにさえ、遣いの者を通じて多額のカネを寄越された。清和会は一銭もカネをくれなかったし、ポストを配る力もなかったが、竹下さんは毎年必ずカネをくれたのだ。派閥が違うのにカネを持ってきてくれたのは、同じ中国山地の山中のよしみからだろう。

俺にかぎらず、多くの若手議員にカネを配っていたとも聞く。そうしたカネは、活きがいい野党議員にも国会対策費として配られた。政治家同士の契りを交わす「道中手形」として配ったのだ。自らの影響力を保つためだけにカネを使ってきたわけではない。

全国の市町村に1億円を交付する「ふるさと創生事業」も、財政が厳しい地方にも目を配っていたからできたことだ。リクルート事件のせいで、竹下さんは金権政治の象徴として批判を浴びたが、弱者に対しても目を向けていたことは忘れてはならない。

安倍晋太郎

晋三を守った父の「人徳」

俺が長年、安倍晋三を弟のように可愛がってきたのは、父上である安倍晋太郎先生に大変世話になったからでもある。晋太郎先生は、義父は元内閣総理大臣の岸信介、義理の叔父もやはり元総理の佐藤栄作という華麗なる血脈を汲み、政界のプリンスとも呼ばれた。しかしそれを一切鼻にかけることのない、信義に厚い人だった。

'79年に政治家となった俺が福田派（清和会）に入ったことはすでに述べたが、当時の領袖は福田赳夫さんだった。同じ派の晋太郎先生は、それまでに農林大臣、内閣官房長官、政調会長と着々と地歩を固め、いつ領袖になってもおかしくなかった。ところが、福田さんが政局のたび「再登板」に意欲を示したから、なかなか存在感を発揮できずにいた。

中曽根内閣で外務大臣を4期務めた晋太郎先生は、'86年には総務会長となり、ようやく福田さんから派閥会長の座を禅譲された。加藤六月さんや塩川正十郎さんら派閥幹部のほか、三塚博さんや森喜朗ら中堅も、誰もが「次の総裁は安倍先生」と確信していた。もちろん俺もだ。

ところが翌'87年、中曽根長期政権が終わりに差し掛かると、田中派は分裂。竹下登さんが経世

会（竹下派）を立ち上げ、勢力を拡大させた。加えて中曽根さんの総理後継指名問題が持ち上がり、俺は「中曽根さんは、本当に晋太郎先生を指名するんだろうか」と疑念を抱き始めた。

当時は安倍晋太郎、竹下登、宮澤喜一の3人（「安竹宮」）が自民党のニューリーダーで、中曽根さんがその中から後継指名することになっていた。いわゆる中曽根裁定だ。下馬評では晋太郎先生が有利で、先生自身も中曽根さんからの指名を疑っていなかった。

しかし、どうにも疑念が晴れない俺は、田中角栄の一の子分であった後藤田正晴さんにこっそり聞きに行った。すると後藤田さんは「次の指名は福田派には来ない」と言い切った。

確かに、中曽根さんは福田派に何の義理もなく、世話にもなっていない。ポスト佐藤を選ぶ'72年の総裁選でも、同じ上州の福田さんを応援すると思いきや、直前で田中支持に回った。このとき決選投票に敗れた福田さんは総裁の座を逃したが、中曽根さんはそのおかげで後に田中派から圧倒的支持を受け、総裁にまで登りつめた。竹下派の源流は田中派だ。つまり、角さんに恩がある中曽根さんは、最後には竹下さんを推すということだ。

「これは、まずいぞ！」と悟った俺は、後藤田さんに解決策を尋ねた。すると、「ひとつあるとすれば、上州戦争（地元・群馬の同じ選挙区で中曽根さんと福田さんが熾烈に争っていたこと）を和解に持ち込むことだな」と言う。清和会の事実上のボスである福田さんと、中曽根さんがいがみ合っていては、話にならないということだ。

俺はすぐさま福田さんのもとに走った。「安倍先生のために、中曽根さんと話をつけてもらえませんか」と言うと、福田さんは「それなら俺が中曽根のところへ出向くよ」と言ってくれた。

安堵した俺は、晋太郎先生にこのことを話した。だが、そうしたら「亀井君、その必要はない」と言うじゃないか。実は'84年に福田さんが鈴木善幸さんらと組み、二階堂進さんを総裁に擁立しようとしたときから、晋太郎先生は福田さんに不信感を抱いていた。福田さんがそこまでしてくれると信じていなかったのだ。それでも晋太郎先生は、指名されるのを確信した顔つきだった。

派閥に戻った俺は、「中曽根さんは安倍先生を指名しないかもしれないぞ！」と周りの奴らに警告したが、不忠者扱いされるばかり。案の定、俺が懸念した通り、中曽根さんは竹下さんを後継に指名した。晋太郎先生は「騙された」と言って、ガックリした表情で戻ってきたが、読みが甘かったと言わざるをえない。

晋太郎先生は、福田さんが長く派閥会長を務めても、我慢して領袖になれる時を待った。弟分の竹下さんが総理となって先を越されても、幹事長として内閣を支えた。だが、リクルート事件で安竹宮の全員がダメになってしまった。そして、晋太郎先生は病に伏し帰らぬ人となる。まさに悲運のプリンスとしか言いようがない。

晋太郎先生を一言で言えば、徹頭徹尾、善人だ。優しすぎた。だが総理総裁にはなれずとも、他のどの政治家よりも徳を積んできた。それが息子の晋三をも、陰に陽に助けてきたのだ。晋三が長期政権を樹立できたのも、父上の徳のおかげだろうと今は思う。

金丸 信

部屋中からカネが湧いて出た

「政界のドン」と称された金丸信さんは、昭和の激しい政局の時代、常にその中枢で立ち回った、まさにキングメーカーだった。

俺が国会議員になった当時は、田中角栄さん率いる田中派全盛の時代で、俺のいた福田派は傍流と見なされていた。その田中派結成に奔走したのが金丸さんならば、田中派を割って竹下派（経世会）を生んだのも金丸さんだった。「経世会支配」と言われるほどの強い影響力をふるった竹下派は、この人なしには存在しえなかった。

金丸さんの凄いところは、徹底的に黒子であり続けたところだ。自分がどれほど実力をつけようが、決して師匠である角栄さんには歯向かわない。竹下派を作ったのも、盟友である竹下さんを総理にするためであって、自分はあくまで脇役だった。「角栄さんや竹下さんが太陽なら、自分は月だ」と自覚していたんだ。

当時ペーペーで、派閥も違った俺は、金丸さんとの接点は少なかった。ただ、随所に「この人は大人だ」と感じる場面があった。

彼の力の源泉の一つは、抜群の資金力だ。俺も一度、金丸さんからおカネをもらったことがある。'84年ごろのことだ。俺は平沼赳夫や衛藤晟一たちと、内戦が続いていたカンボジアを訪れ、カンボジアの民主化と独立を求めて戦う勢力を支援しようと考えた。その親玉、民主カンボジア連合政府首相のソン・サンらに義援金を届けるため、自民党の実力者を回ってカンパを募った。当時総理大臣だった中曽根康弘さんのところにも行った。中曽根さんはあれこれと講釈を垂れながら仰々しくおカネをくれたが、100万円だった。次に当時幹事長だった金丸さんの事務所に行くと、すぐに「わかった」と共感してくれた。おもむろに背広のポケットからおカネを出し、それだけで100万円はありそうだった。だが「これじゃ足りないな」と呟くと、机の引き出しや棚をゴソゴソと探し、札束はみるみる500万円ほどになった。部屋を漁るだけでおカネが出てくるのにも驚いたが、それをいとも簡単に渡してくれたことにも驚いた。

金丸さんは名前の通りおカネを持っていたが、溜め込むのではなく、意義のあることだと思えば、普段付き合いのない俺のような奴にもポンと渡してくれる器の大きい人だったのだ。

金丸さんと対決したこともある。'89年の自民党総裁選だ。リクルート事件で竹下首相が退陣し、宇野宗佑さんが総裁になったが、あっという間に辞任に追い込まれた。そして金丸さん主導で海部俊樹さんが担がれ、大勢が決まった。

だが、俺は「派閥力学を排除した総裁選挙」を目指して石原慎太郎を担ぎ、総裁選に持ち込んだ。派閥の談合で総裁が決まるなんて、もう旧《ふる》い。石原のような新しいリーダーに期待の票が集まると踏んだのだ。しかし、全く読み通りにはならなかった。俺たちは推薦人を集めるのにさえ苦労し、主流派を押さえ込んだ海部陣営が圧勝。石原陣営は、宮澤派に支援を受けた林義郎さんにも大差をつけられ、最下位に終わった。まさに派閥の力学を見せつけられた。

海部政権といっても、最高実力者が金丸さんであることは周知の事実で、閣僚人事では金丸さんに一番可愛がられていた小沢一郎が幹事長に抜擢された。次の宮澤政権も後ろ盾は金丸さんだった。そうして金丸さんは自民党の副総裁に就任することになる。

それほどの実力者だったが、最後はあまりにも哀れだった。'92年8月、金丸さんが5億円のヤミ献金を受け取ったといういわゆる「佐川急便事件」が発覚。金丸さんは記者会見を開いてこれを認め、副総裁辞任を表明した。実は、俺はこの数日前、森喜朗とともに金丸さんを訪ねていた。俺は警察官僚をしていた経験から、いったん認めてしまえば議員辞職どころか逮捕もあり得ると思ったから、「絶対に認めてはダメですよ」と説得した。金丸さんは、自分が認めればそれで幕引きになり、党への打撃は避けられると考えたのだろうが、それでは世論が納得しなかった。結局、俺が懸念していた通り、脱税容疑で逮捕までされてしまう。

金丸さんは、懐の深い政治家だった。そして無頼の男だ。俺にとっては学ぶところの多い大先輩であり、「格が違う」と感じさせられた数少ない政治家だ。

永山忠則

後継として認めてくれた
大恩人

東大を卒業して別府化学工業（現・住友精化）でサラリーマンをしていた俺は、'60年安保騒動を契機に、国家公務員上級試験を受けて、警察官になった。理由はひとつ。国のため、民のためだ。ゴミを作らない社会にすれば、国が良くなると信じていたのだ。

警察官時代は、汚職事件の摘発などで警察庁長官賞を何個取ったか知れないほど活躍した。しかし、いくら警察で頑張っても、所詮は「ゴミ掃除」だ。ゴミがいくらでも出てくることに変わりはない。社会のゴミを出さないようにするには、政治家になるしかないと思い立った。周囲には誰にも相談せず、政治家を志すことに決めた。'77年のことだ。

俺の生まれ故郷・庄原がある広島3区は、強豪揃いだった。自民党は宮澤喜一、佐藤守良、公明党は古川雅司、社会党は福岡義登と小森龍邦。さらに現職の福山市長が立候補する構えを見せていて、蟻一匹入る余地はなかった。二世議員でもなく何も後ろ盾がない俺を、政治家の道に導いてくれたのが、自民党の永山忠則先生だった。

永山先生は、庄原の敷信《しのう》村長を8期務めたあと、俺が生まれた'36年に国政へ進出。戦後は自民党福田派で衆議院議員を11期務め、自治大臣も経験した大物政治家だ。同郷で宏池会の池田勇人3選の阻止に動くなど、保守タカ派として知られていた。

当時、永山先生はすでに現役を引退し、地元支持者は宮澤先生と佐藤先生に鞍替えしていた。庄原市出身の県議会の大ボス・西田修一県議会議長は広島県知事よりも力を持っていて、宮澤後援会の会長を務めていた。俺が立候補したところで、無理な状況だったのだ。

永山先生はすでに宇田哲郎さんという人を後継者で指名していたが、前回の総選挙で落選している。なんとかして永山先生に応援してもらえないかと思い、俺は兄とともに新橋にある永山事務所に赴き、直談判した。面識なんてまったくなかった。

「私を永山先生の後継者にしてください！　お願いします！」

しかし、永山先生はにべもなかった。

「やめときなさい。今から警察庁長官のところに電話してあげるから、もう一度警察庁に戻れよ。君はド素人で、地盤も何もないわけだから。こっちは宇田君で考えているんだし」

しかし、俺はもう女房にも「警察は辞めて、選挙に出るから」と宣言していたし、辞表をたたきつけてきた手前、後戻りなどという選択肢はハナからなかった。引き下がれない俺は「出ることに決めたのです。宇田哲郎さんは先生の後継者と言えないでしょう。とにかく私を後継者にしてください！」と必死に口説いた。

永山先生も1時間くらい無言で悩まれていたが「じゃあ亀井君、2度、3度落ちる覚悟でやるつもりなのかい？」と言ってくれて後継者として認めてくれた。何度か通うつもりだったから、正直ビックリした。今思えば、本当に恵まれていたのだと思う。

さっそく、350万円の退職金を片手に、故郷に戻って選挙活動を開始することにした。だが、永山先生に後継者として認められたものの、最初は地元に帰れば市議や後援会の連中から、「亀井つぶし」をやられた。建設会社に入れば、オヤジが奥から出てきて、どんぶり一杯の塩を頭からぶっかけられた。一番印象に残っているのは、市議を招いて昼食会を兼ねた挨拶をやろうと、ドライブインの2階に席を設けて弁当をとったときのこと。市議全員が来てくれたのだが、俺が「このたび立候補するために帰ってきた亀井です」と挨拶したとたん、全員が一斉にぞろぞろと席を立って、箸も付けずに帰ってしまった。

生まれ故郷の庄原市のどこに行っても、バシャン、バシャンと戸を閉じられてしまう状況だった。それでも、永山先生の期待を裏切ることはできない。選挙までの1年9ヵ月のあいだ、朝4時頃から日が暮れるまで、一軒一軒戸別訪問を繰り返した。山の上の一軒家まで訪ねては歩きまくった。そのうち、「亀井さん、私は宮澤後援会の地区責任者だけど、今度だけは亀井さんに入れてあげる」と言ってくれる人も出てきた。

選挙活動も中盤に入ると、俺の小学校時代の竹馬の友、4〜5人があっちに走り、こっちに走りと一生懸命応援してくれた。ふるさとというのはありがたいなぁと思ったし、これ以上の手づくり選挙はなかった。やがて地元にも、俺を応援してくれる雰囲気ができて、途中からは宮澤後援会や西田先生の陣営も応援に回ってくれることになった。

こんな不思議な出来事を覚えている。岡山にある真言宗系の金毘羅尊流の総本山を訪問する機会があった。そこの開祖・池上透昭先生という方が、俺の目をわずか1秒見ただけで「何の心配もいらん。あんたは出たら当選する」と言われたのだ。しかも票まで当てた。「最下位だけど、4000〜5000票の差で5番目に潜り込む」と。選挙当日は、投票始まって間もない10時においでになって「祝御当選」の書を渡してくれた。神業というか、世の中すごい人がいるものだと思った。

池上先生のお告げどおり、俺は'79年10月の総選挙で、5000票差で最下位当選した。奇跡の当選として、当時の新聞では、「百姓一揆だ」と書かれたものだ。

永山先生が最初にご決断してくれなかったら今の俺はないだろう。大変な人格者だったこの保守政治家は、俺を政治家の道へ導いてくれた恩人である。

福田赳夫

エリートだが、どこか土の匂いがした

’79年に初当選した俺は、選挙運動中から福田派（清和会）に所属した。後継者指名してくれた永山忠則先生が福田派だったから、自分の意思とは関係なく入らざるを得なかったのだ。大平正芳先生の長男坊（故・正樹氏）と学生時代から仲が良く、縁があったため、本音では宏池会から出たかったが、福田派以外に選択肢などなかった。

だが、肝心の福田派は選挙戦が始まってもなかなか本腰を入れてくれない、というより驚くほど応援してくれなかった。理由は簡単で、俺が「泡沫候補」扱いされていたからだ。必死に応援してくれたのは、福田派の先生ではなく、中川一郎先生だった。

5000票差でぎりぎりの最下位当選を果たした俺は、そのまま福田派に所属した。だが選挙での恩義もあり、中川先生率いる中川派（自由革新同友会）にも出入りした。新人でいきなり2つの派閥を掛け持ちしたので、「両生類」と揶揄する連中もいた。俺には、陰で文句を言う奴の相手なんてしている暇などなかったが。

そして、福田赳夫先生は、そんな小さいことを言う政治家ではなかった。意外かもしれない

が、先生は俺のことをかわいがってくれたのだ。今でも中川派で一緒だった石原慎太郎や平沼赳夫と仲がいいから、俺はタカ派だと思われ、ハト派イメージの濃い福田先生とは主義主張が違うとみられることがある。しかし実際のところ、政治家同士の関係に「思想」はあまり関係がない。俺が尽力して作った自社さ政権を見ればいい。「日の丸・君が代・安保」反対の政治家らを、俺は一瞬でグリップした。要は人と人同士の関係がすべてなのだ。

'82年、世話になった中川一郎先生が総裁選で負けた。このままでは中川さんの精神状態が危険だと思い、俺は狩野明男、三塚博とともに中川派に入り、福田先生にこう直談判した。「中川派は（福田派の）兄弟派閥のようなものだ。片方だけを強化して、中川さんだけ弱体化させてはまずいでしょう」。福田先生も、一本気な中川さんを心底かわいがっていたから、「うん、それはいいな」と快諾してくれた。

もうひとつ印象深い思い出がある。竹下さんの項で前述したように、俺は'89年の総裁選で、清和会の方針と異なる山下元利さんの擁立を画策し、清和会を除名になった。結束してこそ力になるのが派閥だから、勝手な動きをする奴は除名されても文句は言えない。

だが、後に森喜朗から聞いたところ、福田先生は「絶対に、亀井を除名しちゃいかん」と事務総長だった塩川正十郎先生に言ってくれたという。福田先生には、そういう度量の大きさがある。スカッとした人で手練手管を弄さず、しかし情には厚かった。田中角栄先生と対照的にエリートでクールな人だと思われがちだが、情の厚さでは田中先生に引けを取らないのだ。

福田先生は'76年から'78年まで総理を務めたが、もっと長期間総理をやるべき人物だった。息子の康夫も総理になったが、あれはサラリーマンだ。印象が薄い。福田先生は大蔵官僚の出身ながら土の匂いのする政治家だった。しかし康夫からは、その匂いが感じられなかった。

存在そのものが「保守」である福田先生のような政治家を近くで見ることができたのは、俺の政治人生に大きな影響を与えている。先生の御仏前にも毎年行っている。

中川一郎

熱血漢を襲った悲劇

俺の初選挙では、福田派（清和会）の幹部である安倍晋太郎先生にも応援をお願いしたが、ダメだった。そんななか、俺の志を意気に感じてくれたのが、当時国民的にも大変人気のあった中川一郎先生だ。選挙期間中、広島県庄原市の山奥まで駆けつけてくれて、翌年のハプニング解散後の選挙戦でも「俺が行くぞ」といって、どんどん選挙応援をやってくれた。

中川先生は北海道開拓民の家族の出で、子だくさんの家に育ち、とても苦労された方だ。その熱血漢ぶりに俺は魅了され、短い間だったが非常に濃密な関係を結んだ。人間的な魅力に溢れているから、付き合っているうちに自然と関係が濃くなってしまうのだ。本当なら俺は、「二股」

ではなく中川派に行かねばならない立場だった。

そうしたなか、中川先生に悲劇が起きる。'82年、自民党総裁選には先生のほかに中曽根康弘（中曽根派）、河本敏夫（河本派）、安倍晋太郎（福田派）の計4人が出馬した。そのなかで弱小派閥の中川先生は、推薦人確保にも手間取り、福田派から1年生議員の名まで借りてくる始末。俺もその一人だったが、はっきり言って中川先生に勝ち目はなかった。全国遊説をすると、行く先々で人だかりができるくらい、先生には人気があったにもかかわらず。

一方、安倍晋太郎先生は人気がなかった。街頭人気で一人勝ちだった中川先生は、主流派批判の急先鋒としてマスコミにも取り上げられ、苦労人ぶりをアピールされた。「もしかしたら勝てる」と思ったかもしれない。

だが総裁選は田中派の多数派工作もあって、中曽根先生が勝利。予備選では56万票の中曽根先生に対し、中川先生はわずか7万票という最下位に沈んだ。しかも中曽根批判ばかりしていたから、中曽根内閣では干されてしまった。安倍先生と争ったことで、兄弟派閥だった福田派との関係も悪くなり、中川派は孤立した。

年の瀬、事務所のあった永田町の十全ビルで、こう声を掛けたのが最後になってしまった。

「中川先生、がっかりしないでください。年が明けたら、私と狩野明男と三塚博の3人が先生のところに移籍します。いま福田先生から了解を得たのですから、元気を出してください」

年明けの1月9日、先生は自死された。「北海のヒグマ」と呼ばれるほど豪快な人だったが、同時に繊細で気が弱いところがあったんだろう。総裁選で負け、孤独になったことで一気に弱ってしまった。まだまだいくらでもチャンスはあったのに、残念でならない。

石原慎太郎や平沼赳夫という盟友を得た縁も含め、俺の中川先生への恩義は計り知れない。先生は俺にとって政治の師だから、息子の昭一のことも随分かわいがった。しかし、昭一も'09年に自宅で亡くなった。昭一の訃報を聞いて、俺は涙が止まらなかった。

三塚 博

進次郎など、この人の足元にも及ばない

俺より7年前の'72年に初当選するや、青嵐会の結成に参加した三塚博さんは、中川派の結成と同時に、清和会（福田派）所属のまま中川派事務局長を務めていた。

福田派内でもメラメラ燃え上がるオーラを出していた。早稲田大学の雄弁会出身だから弁舌さわやかで、ひとたび喋れば誰もが魅了された。総会でも、時局だけでなく、清和会の将来を熱く語って場をリードし、若手に慕われた。その姿は、今の小泉進次郎など足元にも及ばない。

'86年に安倍先生が福田派を継承したとき、派内にはすでに加藤六月、森喜朗、塩川正十郎という実力者がいた。しかし三塚さんは福田派事務総長に就任すると、一気にその3人と肩を並べる

くらいの実力を持ち、「安倍派四天王」と呼ばれるようになった。

本来なら派閥会長になるはずの森の影がだんだん薄くなり、それを察したのが小泉純一郎だった。総会で「三塚の方が人気があるし、あれを先に会長にさせようよ」と言い始めた。森もかなわないと感じたんだろう、「三塚、お前が会長をやれ」と言って、三塚さんが会長となり、安倍派を継承して三塚派を作ることになった。

だが国鉄分割民営化を巡り、推進派の三塚さんと対立していた、反対派の加藤六月さんが一歩も引かなかった。俗に言う「三六戦争」が起き、派閥分裂にまで発展した。結局加藤さんが負け、派閥から出ていくことになった。

三塚さんには、個人的に資金面でいろいろ協力した思い出がある。俺は義理を重んじて動くが、彼にはそれをさせるだけの魅力があった。歴代内閣で要職を歴任したのも、その魅力に時の総理たちが取り込まれたからだろう。竹下登先生がリクルート事件で退陣し、宇野宗佑先生が急遽総裁に抜擢されたとき、誰よりも早く宇野さんに取り入ったのも三塚さんだ。政治の世界では、そうした行動は「出世欲が強い」として反感を持たれるものだが、なぜか彼は嫌われなかった。そういう八方美人のようなやり方は、最後には俺の性には合わなかったけれど。

'97年、消費税引き上げや、公共事業は何でも切ればいいという橋本内閣のやり方に我慢ができず、清和会内部の俺のグループは反対に回った。その時、派閥領袖だった三塚さんは俺のグループを冷遇した。こんなところにいても仕方がないと思い、'98年、亀井グループの二十数名は清和会を離脱した。今思えば三塚さんは、橋龍サイドに残りたい森や純ちゃんに気を遣っていたんだろう。

三塚さんは橋本内閣で大蔵大臣だったときに、山一證券の破綻から起こった金融危機で、対応を誤ってしまった。それがなければ間違いなく総理になっていた逸材だったと思う。最後は対立することになったが、忘れられない同志のひとりだ。

藤尾正行

中曽根康弘を怒鳴りつけた男

「忠臣は二君に仕えず」ということわざがあるが、藤尾正行さんほど、この言葉が似合う政治家はいないだろう。福田赳夫元首相を師と仰ぎ、雨の日も風の日も毎朝必ず福田邸に通い、忠実な家臣として尽くしていた。巨漢で強面でありながら、いつも小柄な福田さんの横にいる姿は、まさに政界の弁慶という趣だった。

藤尾さんは読売新聞記者、河野一郎先生の秘書を経て'63年に政界入りした。ほどなくして福田さんが自身の派閥（のちの清和会）を立ち上げると、側近として指導を受けるようになった。口数が少なく寡黙ながらも、意に反することには毅然と反論する。そんな無骨な姿が、福田派内で

も一目置かれていた。'80年に鈴木善幸内閣で労働大臣として初入閣、その後3期に亘って政調会長を務めるなど、党の重鎮となった。

'79年に初当選した俺は、藤尾さんがいる福田派に入ったが、誰に会っても反抗ばかりしていたから、いつも派閥の先輩議員からは「亀井みたいな奴は追い出せ」と言われていた。ところが藤尾さんだけは、俺のことを可愛がってくれた。いつも藤尾さんが俺の後ろにいてくれたから、次第に誰も俺に口出ししなくなっていったほどだ。

藤尾さんと福田さんの関係を紐解けば、'70年代の角福戦争に遡る。ポスト佐藤栄作として総裁選を争った田中角栄に敗れた福田さんは、角さんの金権政治を批判した。藤尾さんも純粋な人だから、角さんが許せなかったに違いない。また、角さんが台湾と断交してでも中国との国交正常化を進めようとしたのに対し、保守派の福田さんは日中交渉に慎重だった。同じ保守派の藤尾さんとは、その点でも相通じるものがあったのかもしれない。

藤尾さんは福田派の中でも、中川一郎さんや石原慎太郎らが旗揚げした保守系グループ「青嵐会」の代表世話人を務め、親台湾派で知られていた。だから、中国や韓国に対してたびたび厳しい発言をして、物議を醸すこともあった。

思い出すのは'86年、第3次中曽根内閣のとき。当時文部大臣だった藤尾さんは、閣僚でありながら、靖国神社参拝をめぐる中曽根さんの曖昧な姿勢を公然と批判した。さらに、ある月刊誌で日韓併合について述べた持論が、中国と韓国の猛反発を引き起こした。

憂慮した中曽根さんは藤尾さんを首相官邸に呼び、閣僚辞任を迫ったが、藤尾さんは「無礼な事を言うな」と一喝し、辞任要求を突っぱねたのだ。結果的に、中曽根さんの決断によって藤尾さんは罷免されてしまったが、俺は藤尾さんの態度に共鳴した。

「風見鶏」とも言われた中曽根さんと、一徹な藤尾さんは相容れない。出世より自分の主義と義理を重んじ、生涯同じ主君に仕えた藤尾さんのような政治家は、今はもういない。

浜田幸一

政界を引っかき回した「非行少年」

一言で言えば、「面白い男」。国会の暴れん坊と言われたハマコーは憎めない奴だった。

'69年に初当選し、通算7期も衆議院議員を務めたが、入閣した経験はない。自民党の広報委員長を長くやっていた。党の役員会などの会議には必ず出てきて、場を荒らしまくる。何をするかというと、とにかく幹部をいじめるのだ。

最大の被害者が三塚博さんだった。三塚さんは当時、燃え上がる炎のように、凄まじい権勢を振るっていた。これから総理を狙おうかという位置にいたが、ハマコーはそんな三塚さんをいじめ、喜んでいた。ある日、ハマコーが三塚さんに対し、あまりにもひどいことを言った。この時

ばかりは俺も我慢がならず、実力行使に出た。

「おい、出てこい！」党本部の会議室でハマコーを捕まえて、こう一喝。「二度とそういうこと言うなよ。今度言ったら許さんからな」と言ったら、ハマコーは「いや、すまん」と反省の態度を見せた。それからというもの、いくら党の内外で怒鳴り散らしていても、ハマコーは俺に対しては低姿勢になった。

ハマコーのやり方というのは、まず相手をビビらせる。「生意気なこと言うな！」と罵倒する。理屈ではないのだ。だが、俺には通用しない。大抵の人は喧嘩なんかしたことないから、やり返した俺にビビってしまったのも仕方ないかもしれない。

ハマコーは派閥に入っていなかったが、'73年に中川一郎先生、渡辺美智雄や石原慎太郎らとともに派閥横断のグループ「青嵐会」を作って、事務総長を務めた。衆議院の予算委員長を務めたときには「宮本顕治君が人を殺した」なんて発言をして、すぐさま辞任する羽目になった。ハマコーを中心とした青嵐会は、永田町の「暴れん坊」として存在感があった。

ハマコーが名を挙げたのはいわゆる「四十日抗争」だ。'79年衆院選で自民党が負け、大平正芳総裁への責任論が噴出した。そこで福田赳夫さんを再び総理にしたい反主流派が両院議員総会を開かせないため、党本部にバリケードを張った。福田派だった俺ももちろん、バリケードを張った。ハマコーはそれを突破しようとやってきて大演説をぶったから、大騒ぎで、殴り合いの大ゲンカに発展した。今思い返しても当時の自民党は面白かった。殴り合いなど理性的じゃないと批判もあったが、政治に対してそれだけ真剣だったということだ。

ハマコーは政治家というよりも、非行少年だ。だから彼に付いていこうという政治家はおらず、一匹狼を通し、子分はいなかった。政治を動かしたり、政策を進めたりするわけではないが、ああいう政治家が一人でもいることで政治に大きな活力をもたらしていた。その意味で、ハマコーも貴重な政治家だったと言えるのではないか。

高橋辰夫

役人を唖然とさせた「豪傑」伝説

橋本聖子の義兄・高橋辰夫は、俺の政治家人生のなかでも特に強く印象に残る、豪傑だった。'28年生まれの道産子で、長いこと北海道議会議員をやってから'79年に国政に転じた。俺とは当選同期で、中川一郎先生の政治グループ「自由革新同友会」で出会った。

容貌魁偉だが、知的な匂いは一切しない、そんな男だった。歳は彼の方が上だが、先輩というより遊び仲間だ。一番の思い出は、'81年の銀行法改正である。旧銀行法はその50年以上前に制定されており、戦後初めての大改正だった。大蔵省からすでに改正案が出され、自民党内での事前審査を待っているところだった。

ある日、俺は中尾栄一先生から呼ばれ、「あんな改正をやられちゃったら銀行業界はもたない。助けてくれ」と言われた。俺は銀行業界とはなんの関わりもなかった。しかし、こうなると義理人情の世界だ。「わかりました」と言って、全銀協（全国銀行協会連合会・当時）から銀行法改正についてのレクチャーを受けた。一人で聞くのも何だと思って呼んだのが高橋で、2人でにわか勉強をしたのだ。法案を通すには、自民党の金融問題調査会を通らないといけないため、大蔵省の銀行局長が俺に説明に来た。

「これは逐条審議だから、まとめて承認するわけにはいかない」と俺が言うと、向こうは「待ってました」とばかりに畳み掛けてきた。こっちを素人だと思っていたのだろう。

そのうち、向こうのペースで話がどんどん前に進んだが、突然、高橋が面白いことを言い出した。「お前たちな、この銀行法の銀行と、子供銀行と、血液銀行の違いをちょっと詳細に教えてくれ」。意味不明で、とんでもない話だ。

銀行局長は唖然として言葉を失った。すると高橋は、ここぞとばかりに声を荒らげて、「ダメだ。審議はしない。拒否だ」と言った。さしもの大蔵省銀行局もお手上げになった。「修正に応じます」と言うから、結局、全銀協と修正協議をすることになり、見事に修正させた。たとえるなら、銀行局は背広を作ろうと思っていたが、全銀協の意見を容れて和服を作るはめになってしまった。それほど当初案とは似ても似つかぬものになったのだ。

高橋は、頭の回転は良くなかったが、だからこそ、大蔵省の銀行局というエリート官僚を相手にしても、アサッテなことを言って困惑させられたのだ。

俺が'89年の総裁選で石原慎太郎を担いだ時も、'95年に橋本龍太郎を担いだ時も、高橋は行動をともにしてくれた。翌'96年の総選挙で高橋は落選し、引退することになったが、入れ替わるように政界に入った橋本聖子は、五輪担当・女性活躍担当・内閣府特命担当大臣にまで上り詰めた。

高橋は'01年に急性心不全で亡くなった。長く付き合ったわけではないが、俺の長い政治家人生においても、高橋はいまだに大きな存在感を示し、記憶に残る政治家だった。

狩野明男

村長も総理大臣も務まる男

'79年の衆院選の初当選同期組のなかで、一番仲が良かったのが狩野明男だった。

俺たちは「御神酒徳利」そのものの関係だった。楽器でいえば太鼓みたいな男で、強く叩けばでかい音、優しく叩けば小さい音が鳴る。こっちの動きに応じて、どんな叩き方をしても必ず反応して同じ動きをしてくれる。狩野は2歳年上なのに、俺のことを「亀さん」とか「亀ちゃん」と呼んで立ててくれた。こっちは「おい」とか「おめえ」とか呼んでいたのだから酷いものだ。俺からすれば友達でも、あいつからしたら「やんちゃ坊主」の弟を持った兄の感覚

だったかもしれない。

’92年に早逝してしまった狩野は、政治的に一緒に動けた期間こそ短かったが、常に行動を共にしてくれた。’82年、中川一郎さんが総裁選に立候補したときは、俺と一緒に福田派から中川派への移籍を画策した。三塚博さんも合わせ、3人で移籍する計画だったが、肝心の中川さんが年明けすぐに亡くなってしまい、この計画は消えた。俺と狩野が中川派に移籍していたら、その後の政界は違ったものになっていただろう。

旧茨城1区を地盤とする狩野は、選挙に弱かった。そもそも’76年の初選挙は落選しており、2度目で当選して俺と同期になった。その後、3期目を目指した’83年の総選挙では落選。そこで参議院に転じ、’86年に茨城選挙区から出るが、またも落選。’89年の参院選で、6年ぶりに国政復帰した。選挙のたび、何度も茨城まで応援に行ったのを思い出す。

狩野をひと言で表すなら、村夫子《そんぷうし》。物知りの、村の顔役のようなものだ。国会議員として初めて点字の名刺を作るなど、障害者問題に対する取り組みは熱心で、社会福祉にも尽力していた。そして水戸の聾学校の卒業式には、毎年のように来賓として出席し、独学で覚えた手話で祝辞を述べていたという。気の優しい紳士だった。

狩野は’92年2月に心不全で亡くなる。ちょうどその2年前には法務政務次官に就任し、まだ57歳だった。あまりにも若すぎる。無念だった。水戸で行われた葬儀・告別式には４０００人が参列した。村夫子だけあって、人間関係の幅が広かったのだ。

夫の遺志をついで参院議員になった妻の安《やす》さんは、優秀な政治家だった。厚労副大臣として素晴らしい仕事ぶりだったので、安さんの在職10周年パーティーでは、俺は発起人として「安さんを必ず大臣にします」と挨拶したほどだ。'04年には、狩野明男の十三回忌として「偲ぶ会」が水戸で開かれた。森喜朗や平沼赳夫らと共に発起人に名を連ねた俺は、「狩野明男は、村長も務まれば総理大臣もできる人だった」と語った。本心だった。狩野がもっと長く政治家をやれていれば、日本の政治は良い方向に変わっていたはずだ。

田村 元

日本人同士がぶつかった凄惨な記憶

昔の自民党には田中角栄、金丸信、中曽根康弘と、どっしりと存在感を放つ政治家が数多くいた。だがそうした重鎮の中にあって、気さくな人柄で「タムゲン」と呼ばれひときわ慕われていたのが、田村元さんだ。選挙にめっぽう強く、'55年に旧三重2区から初当選し、'96年に引退するまで14期連続で当選を果たした。労働大臣や運輸大臣、衆議院議長などを歴任した大政治家だ。甥っ子が、厚生労働大臣を務めた田村憲久である。

タムゲンさんは、自由党と日本民主党が「保守合同」をして自民党が結党されたとき、裏方と

して尽力した。今の日本の礎を築き、55年体制が生まれるのをその目で見た政治家でもあるのだ。

俺とタムゲンさんは、俺が政治家になる前から実は接点があった。それが'60年代から始まった、成田空港建設反対運動だ。警察庁警備局公安警備調査官に任官された俺は、極左事件の現場責任者として陣頭指揮を執っていた。一方、タムゲンさんは運輸大臣として、成田空港問題の行政側の総責任者を務めた。

高度経済成長華やかなりし頃。国は'61年から国際空港建設の必要性を主張し、候補地を調べた。'66年にはトップダウンで成田市の三里塚が建設地に決まり、地元の農家や住民から猛反発を食らう。翌年には千葉県庁へのデモ隊乱入など、騒ぎは大きくなっていった。三里塚には満州から引き揚げてきた人たちも多く住んでいたから、彼らは国の強引な立ち退き命令に怒りを爆発させたのだ。やがて地元住民に呼応した中核派などの極左連中も現れ、抵抗は過激化。ついに'71年秋の第2次行政代執行のときの衝突で、神奈川県警の機動隊員3人が殺された。東峰十字路事件だ。過激派と機動隊員、あわせて1万人超のぶつかり合いのなか、3人は頭に火炎瓶をぶつけられ、鉄パイプや角材でメッタ打ちにされ、虐殺された。俺は事件の1週間後、現場検証で現地に入ったが、本当に凄惨だった。

俺は現場で、抵抗を主導した地元の若者の一団「青年行動隊」の秋葉という幹部と会い、「なぜこんな惨い仕打ちをしたんだ」と訊いた。彼は話した。

「僕たちは、こんなことになると思って今日に至ったわけではありません。戦前、僕らは国策で満州開拓に駆り出され、引き揚げ後、今度は政府に言われて三里塚の荒れ地を耕し、どうにか生きてきたんです。それなのに、今度は国の勝手な都合で立ち退けだなんて……。一寸の虫にも五分の魂がある。だから国に対して、ふざけるなという思いで反対運動を起こしたんです」

これを聞いて、彼らの行動にものっぴきならぬ理由があると知った。国の強権が引き起こした悲劇だ。しかし、国家権力たる警察の一員である俺にはどうすることもできなかった。

タムゲンさんが運輸大臣として、成田空港開港に尽力したのは間違いない。しかし内心では、日本人同士が殺し合う凄惨な状況を見ながら、苦しい判断を迫られたはずだ。警察と政治家、お互い立場は違ったが、成田空港問題では同じ難題に立ち向かった同志だと思っている。その後政治家になった俺は、村山内閣でタムゲンさんと同じ運輸大臣を拝命した。事件から23年が経っていたが、俺は成田の人たちに改めて詫び状を書いた。それが、俺にできる精一杯のケジメだった。

同じ保守の政治家として、タムゲンさんには「強きを挫き弱きを助く」、いわば俠客のような気風を感じた。だから俺は、タムゲンさんを総裁選に担ごうとしたことがある。'89年、竹下政権が退陣に追い込まれた後、派閥の力で次の総裁候補が決まることに反発し、幹事長代理だった橋本龍太郎に抗議したことは竹下登さんの項で記した。引き下がれない俺たちは、タムゲンさんに「決死の覚悟で担ぎますから、どうか名乗りを上げていただけないか」と直談判したのだった。

彼は田中派で、竹下さんや金丸さんにも引けを取らない重鎮だったからだ。ところがタムゲンさんは「俺はそういうガラじゃねえ。駄目だ駄目だ」とにべもなかった。党の大勢が執行部に傾いていたことを察したんだろう。

タムゲンさんは、'96年の小選挙区制導入で「支持してくれる地元の有権者を、制度が変わったからといって分けることなどできない」と、スッパリ政界から身を引いた。俺たちがタムゲンさんを担いだ時、もし応じてくれていたら、田村内閣が成立していたと今でも思っている。

第三章

平成を駆けた31人

後藤田正晴

俺を政治の道に進ませた「圧力」

後藤田のおっつぁんは、俺が警察官僚時代、そのトップである警察庁長官を務めていたから、俺にとっては政界の先輩という以上に「警察官僚の大先輩」というイメージが強い。

警察時代の後藤田さんは、とにかく怖いと恐れられていた。俺が警備局にいたとき、警備局長を務めていた後藤田さんのところに報告に行く部下は、みんな足がガクガク震えていたものだ。もっとも、まだ若手だった俺が、後藤田さんのところまで報告に出向くことはなかったが。

後藤田さんは役人時代から、田中角栄さんの懐刀として重宝されていた。あるとき、俺が公職選挙法違反で衆院選の自民党公認候補を逮捕しようとした。すると、刑事局から逮捕にストップがかかった。角栄さんの命を受けた後藤田さんからの指令であることは明らかだった。

普通なら、逮捕を泣く泣く諦めて終わりだ。ところが、俺にそんな圧力は通用しない。「それはまかりなりません」とばかり、逮捕してやった。後藤田さんからすれば面子丸つぶれだ。それをきっかけに、後藤田さんは「亀井の野郎」と疎ましく思っていたようだった。

その後しばらくすると、埼玉県警捜査二課長だった俺のもとに人事の内示があった。警視庁本富士署の署長で、警察キャリアにとって出世の王道コースのひとつだ。しかし、それを知った後藤田さんが「亀井は警視庁なんか入れちゃいかん。何をやるかわからん」と言って、人事をひっくり返した。そして、「極左をやっつけるならいくらやってもいいから、極左担当にしろ」ということで、俺は'71年、警備局の極左事件に関する初代統括責任者になった。

それからの数年間は、事件があるたびに全国を飛び回って捜査を指揮することとなった。多忙を極め、家に帰ることはほぼなく、結果的に女房に逃げられてしまったのは誤算だった。まだ30代半ばの頃のことである。

一番印象深いのは、あさま山荘事件だ。俺は赤軍派の犯人を迦葉山《かしょうざん》、妙義山と追っかけ回したが、逃げられた。このとき、俺は逮捕するための責任者で、後藤田さんは警察庁長官。警備担当の責任者として後藤田さんが現地に送り込んだのが佐々淳行（のちの初代内閣安全保障室長）だった。犯人を取り逃がしたことで、最終的に籠城事件へと発展し、2人の機動隊員が殺されてしまった。人質は無事に救出できたが、俺の立場とすれば完全に失敗と言わざるをえない。このときのことを思うと今でも気持ちが暗くなる。あまり思い出したくない記憶だ。

この事件で逮捕した連合赤軍の犯人グループに対しては、仲間を殺されたという憎しみと同時に「なぜこのような志ある若者が、誤った道に進んでしまったのか」という思いを強く持った。俺はこうして犯人を捕まえているだけでは駄目で、犯人を生み出さないような国にしなければならないと考えるようになった。そこで、警察を辞めて政治家になる決心をした。そういう意味では、どんな意趣があろうとも、俺を極左担当にした後藤田さんが「政治家・亀井静香」を生むきっかけを作ってくれたと言えなくもない。

その後、'76年の衆院選で先に後藤田さんが政治家に転身し、3年後に俺も政治家となった。同じ警察官僚出身とはいえ、派閥も違ったし、後藤田さんからしたら俺は憎き男だ。官房長官時代も、一切カネをくれることもなかったし、俺に目をかけてくれることもなかった。また、俺もそれを望んでいなかった。だから酒席を共にしたこともない。

ただ、温情を感じた瞬間もある。'86年の中曽根康弘内閣によるいわゆる「死んだふり解散」の時のこと。官房長官だった後藤田さんが、解散直前に「同日選挙やるからな。準備しておけよ」と教えてくれた。俺をいじめてばっかりいたから、胸が痛んだんだろうか。

実は、俺は後藤田さんに「総裁選に出ろ」と説得するため、三塚博さんと2人で自宅まで行ったことがある。'93年に非自民党の細川護熙内閣が樹立され、自民党が下野した時だ。ところが、何度言っても断られてしまった。なだめたりすかしたりといった芸のきくような、可愛げのある人ではなかったのだ。その辺りが「カミソリ」と呼ばれる所以だが、自分でも総裁のポジションには不向きだと自覚していたのだろう。俺とは政治スタンスが全く異なり、どこまでも「官僚」だったが、私利私欲のない一本独鈷な政治家であった。

梶山静六

総裁になれなかった悲運の政治家

政治家に必要なのは、強い信念に基づいた覚悟と、人を魅了する力だ。だが、それだけでは天下はとれない。運が必要なのだ。安倍晋三だって運がなければ、父親が得られなかった総理の座を、2度にわたって獲得することはできなかったはずだ。

そういう意味で、悲運だった政治家の筆頭といえば梶山静六さんだろう。小沢一郎、羽田孜、小渕恵三、橋本龍太郎らと共に竹下派七奉行と呼ばれ、閣僚や官房長官を歴任した。「平時の羽田、乱世の小沢、大乱世の梶山」と呼ばれ、将来の総裁候補の一人だった。一見強面で、政治手法も過激だったが、政策は芯が通っていた。そして何より、信念と覚悟の持ち主だった。

演歌の『名月赤城山』に、〈〽男ごころに　男が惚れて……〉という節があるが、梶山さんの義理と筋の通し方は、まさに男が惚れるほどだった。

政治の師と仰ぐ田中角栄がロッキード事件に巻き込まれたときのこと。俺がまだ警察官僚だった'76年7月、角栄さんは逮捕された。その3週間後、保釈される角栄さんを、梶山さんは真っ先に迎えに行った。「ヤクザだって親分が出所するときは迎えに行く」と言ったのだ。

だが、その年の12月には自身の総選挙も控えていた。国民から非難されている田中角栄を迎えに行けば、選挙にも影響することがわかっていたはずだ。しかし、梶山さんの頭には、保身という考えはなかったのだ。大方の予想通り、12月の総選挙で、梶山さんは有権者の反発を招き、落選した。

俺は、そうした梶山さんの義理堅さに好感を持っていた。梶山さんも俺も、人相が悪いから気が合った……というのは冗談にしても、日頃から一緒に酒をしょっちゅう飲んでいた。

飲み方も、豪傑そのものだった。2人で料亭に行って芸妓さんを呼び、いつも梶山さんは芸妓さんのおっぱいを揉みながら酒を飲んだ。酔っ払って「亀ちゃんもやってみろよ、楽しいぞ」と言うのだが、「政界の暴れん坊」と呼ばれた俺でもそれはできなかった。でも、そこが魅力だったのだ。相手によく思われたいとか、恰好をつけたい男なら、絶対そんなことはしないはずだからだ。

政治家に大事なのは、お互い裸の人間同士になって胸襟を開き、国家をどうするとか、国民生活はどうするといった議論を戦わせていくことだ。その中で大まかなところが合意できていれば、何ということはない。政治というのは政策ではなく、人が先にあるのだ。

今の政治は、なんでも机上でやっている印象がある。実際は同じ考えなのに、わざわざ理屈をつけている。政策にしても、与野党問わず、違いはないのだ。安全保障にしても、経済政策にしても、ラッキョウの皮みたいに、剝いていったら一緒だ。それでは話にならないから、勝手に理屈をつけている。ただそれだけのことなのだ。

'92年、東京佐川急便事件で、竹下派会長の金丸信が責任を取り政界を引退する。その後、竹下派内では後継争いが激化し、小渕恵三を担いだ梶山さんと、羽田孜を推す小沢一郎が対立し、「一六戦争」に発展した。

参議院を押さえた小渕が後継会長となり、梶山さんもその論功で自民党幹事長に就任した。ときは宮澤喜一内閣時代だ。幹事長に就いたのはよかったが、時期が悪かった。権力闘争に敗れた小沢や羽田が離党して新生党を立ち上げたからだ。結果的に、解散総選挙で自民党は大敗。'93年8月には、細川連立政権の発足を許してしまった。

このとき、責任を取らされたのが梶山さんだった。「自民党下野のA級戦犯」と石を投げられ、謹慎生活を余儀なくされる。だが俺は、梶山さんがこのまま終わるはずがない、もう一度総裁候補として立ち上がってくると信じていた。

梶山さんの魅力は人間そのものにあったが、政策にも俺は一目置いていた。とりわけ経済については、俺と通じるところがあった。例えば積極財政だ。'96年の第2次橋本内閣の方針は、あくまで増税と緊縮財政だった。だが官房長官だった梶山さんは、積極財政を唱えていた。国を豊かにしていく中で借金を返せばいいという考え方だ。たとえ閣内にいても、確固たる信念を持ち、決して自分の考え方を曲げない姿勢には感服した。

俺はこのとき建設大臣だったが、橋龍のやることに賛成できず、予算委員会で総理と真逆の答弁をしたこともあった。梶山さんとは政策の方向性が同じだし、一緒に国のために働きたいと思わせてくれた。

梶山さんにチャンスが回ってきたのが、その橋龍の後継を巡る総裁選だ。小渕派の竹下登や野中広務は、小渕恵三を総裁候補として推していた。だが梶山さんは小渕派を離脱し、無派閥の立場で総裁選に出馬した。自民党の総裁選が立候補制になって以来、無派閥の候補は梶山さんが初めてだったと思う。三塚派に所属していた俺は、小泉純一郎を推さねばならない立場だった。しかし派閥の指示を無視して、参謀として梶山支援にまわった。

俺のグループだけでない。梶山さん擁立のために菅義偉と佐藤信二の2人も派閥を離脱して動いたし、麻生太郎や河野グループ、旧渡辺派のベテラン議員からも推薦人を集めて、派閥の枠を超えて総裁選で戦った。今では考えられないことだ。

梶山さんというのは、こいつとなら死んだっていい、冷や飯を食ったっていいぞ、と思わせる人だった。結果的には、小渕に負けた。悔いは残るが、今でも彼との義理を果たせて良かったと思っている。

村山富市

「責任は自分が取る」名宰相の覚悟

村山富市内閣が誕生したのは、'94年6月30日のことだった。前年8月に細川護熙を総理とする8党派連立の非自民政権が成立していた。その後ごく短い羽田孜政権を経て、自民党・社会党・新党さきがけの3党による自社さ連立政権として、社会党の村山富市委員長を首班とする村山内閣が誕生した。

細川政権は発足当初、支持率が70％を超える異様な人気を得ていた。一方の自民党は初めて下野し、離党者が相次いでいた。自社さ政権は、最大野党だった自民党が、連立を離脱した社会党と組むというウルトラCを考えた結果だった。自民党が政権復帰するために、使える手はなんでも使うという執念から生まれたのだ。

だがこの政権は、村山首相以外では誕生し得なかった。村山さんは、余人をもって代えがたい存在だったのだ。非常に懐の深い人で、柔軟な考えを持った方だった。決してマルキストなんかではない。俺が「村山さん、政策は、権力を握ってから考えましょう」と言ったら、「そうだな」と応じてくれた。学校の先生をやっていれば、田舎の小学校の先生がよく似合う感じの人だった。

村山内閣では、俺は運輸大臣を務めた。未曾有の難題に何回もぶつかったが、筆頭は何と言っても'95年1月17日に発生した阪神・淡路大震災だ。村山さんは閣僚を集めて「皆さん、あらゆることをやってください」と下命した。人命第一と復興最優先で、法律は後回しだという。

自衛隊出動が遅れたのは社会党政権だからだと批判されたが、それは当たらない。まず村山さんは自衛隊を認めていたし、運用する大臣は自民党で固めていた。すぐに自衛隊を出動させようとしたが、残念ながら、当時は法的には自治体から要請がないと出ていけなかったため、待機させることになった。実際の出動は、要請が来た後の午前10時になってしまったのだ。

当初、復興には頑張っても4年かかると思われたが、村山さんは「ただちに復興だ。金に糸目はつけない。2年計画でやる」と言った。これにはみんなびっくりした。それだけではない。「復興にあたっては元の港にするのではない。新しい大型の港にする」と村山さんは言い出したのだ。壊れたものを元に戻すのではなく、もっといいものに作り変えてしまおうというのだ。村山さんは、現場の担当にすべてを任せて、責任は自分が取るという覚悟を持っていた。その後の神戸の復興ぶりを見れば、村山さんの功績は明らかだ。

運輸大臣として思い出深いのは、航空自由化協定の対米交渉だ。アメリカとの航空協定はあるのだが、向こうはさらなる自由化を進めてきた。自由に増便や路線変更ができる、今のオープンスカイ協定を求めたわけだ。

フェデリコ・ペーニャ運輸長官が交渉相手だった。先方は生意気にも、ワシントンまで来てくれと抜かす。冗談じゃねえ、ということで「真ん中をとってパールハーバーでやろう」とかましたんだ。そうしたら、「もう少しこっちに来てくれ」というので、当時野茂英雄が活躍していたから、「ロサンゼルスまでならいいよ」と、結局ロサンゼルスで落ち着いた。

交渉の場では、向こうの要求は全部「ノー」で通した。勝手にアメリカ企業が自分の商売の都合だけで増便をかけるのだから、それに対応することなどできない。向こうは例の調子で「制裁するぞ」と脅してきたが、俺は「おお、どうぞやってください。こっちもイーブンの制裁をします」と言ってやった。すると、先方は一旦席を外し、戻ってきたと思ったら全部こちらの主張が通っていた。同じ国とは思えないくらい、コロッと変わっていたんだ。何でもかんでもアメリカの言いなりになればいいというものではないんだ。

だが、外務省は一致団結してアメリカの要求に応じてくれという。このときの外務大臣は河野洋平だったが、「亀井さん、アメリカの言う通りにやってくれ。この交渉が決裂したら日米関係がエラいことになる」と脅してきた。俺はそうはいかないよ、と突っぱね、日本の主張を貫いた。今の日米交渉は、全部向こうの釣り糸に引っかかっているから、ダメなのだ。当時の俺のこうした方針には、村山さんの後押しがあった。村山さんが「亀さんがやることだ、任せよう」と言ってくれたからこそ、できたことだった。

'95年の12月20日を過ぎた頃だったと思う。すでに社会党が割れはじめていた。非自民路線の勢力が、離党する動きをしていたのだ。

そんななか、村山さんが俺に「会いたい」と言うものだから官邸に行くと、「亀さん、すまない。自民党に総理の座を渡すのは今しかない。社会党もガタがきているが、まだ首班指名で自民を応援できる。本来は、多数党のほうが総理を出すのが当たり前なんだ。退くとしたら今だ」と言うのだ。村山さんは第一党が総理を出すべきだと考えていて、辞任のタイミングを見計らっていたのだ。立派な見識を持った方だと思った。

俺は「いや、そう言わんでやってくださいよ」と頼んだが、決意は固かった。

当時の自民党総裁は、通産大臣の橋本龍太郎だ。すぐに橋本に電話して、こう伝えた。

「村山さんに感謝しろよ。村山さんはあんたに総理の座を渡そうとしている」

そして、自社さ政権の枠組みのまま、自民党総裁の橋本龍太郎を首班指名して、橋本内閣が誕生したのだった。

自社さ政権には、野武士みたいな政治家が集まり、歯ごたえがあった。今思い返しても非常に倫理観にすぐれ、バランスの取れた優れた政権になっていたのは、村山さんという人格者がトップにいてくれたからだと思う。

村上正邦

政界の寝業師
「飲ませ食わせ」のド根性

村上正邦さんとは'99年、志帥会をともに結成するまで、それほど深い関係はなかった。俺はその1年前、清和会を二十数名の仲間とともに飛び出し、亀井グループを作った。中山太郎さんたちと、まず超派閥の日本再生会議を発足させたのだが、派閥とは言えない小集団だった。

一方、政策科学研究所（旧渡辺派）からは、山崎拓が衆議院議員を束ねてグループを飛び出し、山崎派を結成していた。政策科学研究所に残ったのは参議院議員が中心で、それをまとめていたのが村上さんだった。彼らも俺のグループと同規模の少数派閥へと縮小していた。

そんななか、村上さんと赤坂の料亭「外松」で飲んでいるとき、「お互いに小さいグループなんだから、一緒にやりませんか」と言ったら、二つ返事で了解してくれた。そこで、対等合併により、志帥会（村上・亀井派）を結成することになった。名前は平沼赳夫が考えた。当時は60名くらいいて、カネは俺が全部面倒をみていた。

会長は村上さんで、俺は会長代行。その後村上さんが参議院議員会長になったことで、江藤隆美さんが2代目会長となったが、その江藤さんも政界を引退したことから、'03年に俺が会長となる。しかし最終的には、俺は自分で作った志師会を出て行くことになった。先にも述べた通り、'05年の郵政解散で自民党公認を得られなくなったために、辞任したのだ。「自分で作った派閥なのにな」という思いがあったのは事実だが、仕方がない。政治の世界では、一寸先は闇なのだ。志師会は今も看板は存在しているが、俺はまったく関係ない。言えることは、今の派閥は所詮は仲良しクラブで、何かを支配する力もなければ、権限もないということだ。

参議院自民党を束ね、ドンと呼ばれていた当時の村上さんは、なぜそんなに力を持っていたのか。それは毎晩、昨日は赤坂、今日は神楽坂、明日は向島……と、あちこちの議員に飲ませ食わせして、面倒をみていたからだ。自分は全然飲めないのだが。そして、選挙となれば物心両面で面倒をみる。その莫大な資金源こそがKSD（財団法人ケーエスデー中小企業経営者福祉事業団）だった。村上さんはKSDが「ものつくり大学」を作ろうとした際に便宜を図ったとして、'01年、受託収賄容疑で逮捕されてしまう。KSD事件だ。

しかし、俺に言わせればこれは明らかな冤罪だ。なぜ断言できるかというと、ものつくり大学に予算をつけたのは、何を隠そうこの俺だからだ。KSD理事長の古関忠男という男とも会ったことがあるが、なんのことはない。初めから下ネタばかり、それも「大人のおもちゃ」の話ばっかりする始末だ。ものつくり大学創設のための話は出なかった。

翌日、村上さんが改めて古関を連れて、政調会長の俺のところにやってきた。「ものつくり大学を作りたいから協力してほしい」と言う。俺も「それはいい。やろう」と答えた。全国の中小企業、零細企業の子弟を教育する大学ができるのはいいことだと思ったからだ。だが、予算を作り出すような力は村上さんにはない。すでに予算編成的には厳しい時期だったが、俺がすぐに大蔵省の主計局長に電話して、「これは大事な案件だ。予算を出せ」と命じた。

確か20億か30億円くらいの予算がつき、ものつくり大学は設立された。ＫＳＤは村上さんにお金こそ貢いだものの、予算づけに関して関与していないことは明白だ。ただし、俺はＫＳＤからパーティー券一枚さえ買ってもらってはいない。こちらから頼んだこともないし、向こうから申し入れもなかった。

ＫＳＤは村上さんが労働大臣をしていた頃からのタニマチだ。政治家がタニマチから政治献金や支援を受けるのは当たり前のことで、何も悪いことではない。村上さんは事件発覚後も否認を貫いたが、結局自民党を離党して議員辞職までした。潔白なんだから、辞めるべきではなかったと俺は思っている。

政界を離れてからはいいおじいさんになった村上さんだが、かつては野心があって、目がギラギラしていた。九州の炭鉱の労働組合から成り上がってきた人で、そこらの政治家とは違う覚悟とド根性がある。金と時間をかけて、人を束ねていく政界の寝業師だったのだ。

橋本龍太郎

俺が作った橋龍内閣を、壊した理由

'95年6月の日米自動車交渉では、通産大臣の橋本龍太郎が矢面に立った。俺はそのとき運輸大臣。自動車交渉は車検の問題があるから運輸省とも絡んでくるわけだ。ジュネーブでの最終交渉で、橋龍は米国の理不尽な要求をはねつけ、俺や運輸省の希望も通した。日本が米国に対して、はじめて強気で決着させた二国間交渉だった。

このときから、俺は村山富市さんの後には橋龍が総理になるべきだと感じていた。党内でも彼の存在感は日に日に増していた。村山さんの退陣前にまず総裁選があったが、当時の自民党総裁は河野洋平。党内は無投票再選という空気だったが、河野さんは俺たちを買っていなかったし、違和感があった。そんな日の午後、俺と平沼赳夫、塚原俊平は、3人で麻雀をしながら、次の総裁選を俺たちでひっくり返してやろうか、と話した。

そうはいっても、誰を担ぐべきか。旧経世会の小渕恵三では国民的人気がない。橋龍なら国民ウケもいい。「よし！ 橋龍を担ぐか」という流れになった。だが、まずは小渕派に仁義を切らないといけない。その場で派閥幹部の野中広務に電話を入れた。

「そっちは小渕さんが大将だけど、こっちは小渕さんじゃなくて橋龍を担ぐ。どうだい？」

野中は「仲間と相談するので待ってくれ」と一旦電話を切ったが、その後ほどなくして「うちもそれでいく」という返事がきた。自分のところから総裁候補を出せるわけで、渡りに舟だったと思う。翌日には小渕派の村岡兼造や野中が来て、ただちに橋龍の選対会議を立ち上げた。15名ほどの中堅連中が橋龍支持に走り回り、各派閥の切り崩しを図った。

ここで、それまで全く親しくなかった加藤紘一が俺に近づき、ゴルフに誘ってきたのだ。加藤は、河野洋平が所属する宏池会のプリンスだ。橋本優勢の党内の雰囲気を感じて、乗り遅れまいと焦っていたのだろう。総理になる男を担いでおけば、ポスト獲得につながる。俺は損得勘定で動くことはしないが、ほとんどの政治家はそんなものである。

8月の真夏の暑い日だった。俺たちはゴルフをし、その後に麻雀をしたが、加藤から本題がなかなか出ない。しびれを切らして、橋龍を担ぐ気があるのかと、俺から切り出した。すると案の定、「私も一緒にやります」と乗ってきた。ここで宏池会の分裂は決まり、橋龍支持が加速した。河野は身を引くしかなくなり、総裁選から下りることとなった。三塚派からは小泉純一郎が出馬したが、泡沫候補でしかなかった。

総裁選の議員集会を、俺は会場の一番後ろの壁にもたれかかって見ていた。橋龍の周りにはポスト欲しさにヨイショ、ヨイショの議員たちが群がっていた。でもあいつは、その群れをかき分けて俺のところに来て、握手をした。そして、ウインクして去っていった。俺のおかげで、小渕を差し置いて総裁選に出られたとわかっていたのだ。

結果、橋龍が304票を集め、純ちゃんとの一騎打ちを制し、圧勝した。総裁選から3ヵ月後の12月、村山さんが退陣を決断する。翌月の首班指名により、橋本内閣が誕生した。

橋龍といえば、甘いマスクにポマード頭。愛用タバコのチェリーをふかして、すました印象が強いが、実際は茶目っ気もあるし明るい男だった。キザには変わりはないが、久美子夫人の内助の功という武器もあった。夫人は、ウィットに富んで魅力的な女性だ。

橋本内閣が誕生し、俺も組織広報本部長という新設された四役に就いた。ともにお国のために頑張ろうと意気込んだのだが、現実は違った。あいつは総理になった途端に変わってしまったのだ。大蔵省の虜になり、緊縮財政を主導し、政策的に縮小路線に舵を切る。官僚にのせられ、消費税を3%から5%に引き上げてしまった。公共事業もなんでも切ってしまえと、無茶なことをやりだした。

翌年から長期デフレに陥り、失われた20年を深刻化させた。俺のおかげで総理になれたのに、言うことはまったく聞かない。結果、俺は梶山静六さんと手を結び、橋龍おろしを画策した。自分が担いで作った内閣を、自分で壊すというのは皮肉なものだ。政治の世界では、昨日の味方は今日の敵。今日の敵は明日の味方。それ以降、橋龍とは会うこともなくなってしまった。大蔵省の虜になってしまった変節だけは、残念でならない。

野中広務

偉大な裏方に「許さない」と言った日

官房長官は、時に「影の総理」と呼ばれる。その嚆矢といえば、野中広務だ。京都府議から副知事を経て、57歳の遅咲きで政界入りしたが、期数が上の議員にも物怖じせず、自分の信念を貫いた。

当時も今も変わらないが、政治の世界では、当選回数が上の議員に物を言うことはできない風潮がある。だが地方議員時代から激しい権力闘争を繰り返してきた野中にとって、1期や2期上の先輩議員を手なずけるなど、たやすいことだった。頭角を現したのは、'93年に細川内閣が発足し、自民党が下野してからのこと。村山内閣では自治大臣と国家公安委員長を兼務し、一生懸命支えた。その後、「自社さ」後の政権を左右していく。

俺は第1次橋本内閣のとき、閣内には入らず、組織広報本部長を務めた。幹事長、政調会長、総務会長のいわゆる「党三役」以外に、橋龍が俺のために組織本部長と広報本部長を合わせた組織広報本部長の枠を設け、「四役」として扱う特別待遇としたのだ。俺が平沼赳夫や塚原俊平とともに橋龍を総理に担いだから、恩義を感じていたのだろう。

その後橋本内閣は総選挙で勝利をおさめた。内閣改造となったとき、すぐに俺のもとに野中が

寄ってきてこう言った。

「厚生大臣で入閣してもらうよ。塚原俊平には後任ポストを用意しよう」

もともと、俊平には俺の後任を任せるつもりだったから、入閣を受けようと考えた。ところが、聞けば俊平に用意されたポストは組織広報本部長ではなく「組織本部長」。俊平を論功行賞で遇するはずが、話が違う。ポストが分割されて片方だけなのだから。

「俺だけ内閣に入れだなんて納得できない、ふざけるな！」

怒った俺は入閣を拒否した。やり切れない思いで高輪の宿舎に戻ると、夜10時過ぎ、汗をかきながら野中がやってきた。「他の大臣でもいいから選んでくれんかな？」と懇願された俺は「厚生大臣が嫌だから怒ってるわけじゃない。話の筋が違うから怒ってるんだ！」と言ってやった。

翌朝、「組閣ができない」とマスコミが騒ぎ始めている。するとまた野中がやってきた。今度は「あんたが自分で据えておいて、内閣を潰す気か！」といって凄むのだ。マスコミにもバレて焦っていたのだろう。最後は根負けし、俊平の処遇を確約させた俺は第2次橋本内閣で建設大臣を引き受けることになった。

野中は組織を護持する能力に長けていた。なおかつ権力の操作が抜群に巧い政治家だった。トップになる人ではなかったが、一言でいえば、忠実な番頭だった。また、事を収める政治的手腕と力量には、右に出る者がなかった。それで思い出すのは、「加藤の乱」でのことだ。

小渕恵三さんが急死して、森喜朗内閣が誕生したが、就任早々から不協和音が起こっていた。そこで、もともと「ポスト小渕」を狙っていた加藤紘一が倒閣を臭わせる。結果、野党の不信任案に加藤が同調する動きを見せ、「加藤の乱」に発展する。

当時、俺は政調会長として森を支えていた。一方、野中は森の後任の幹事長。実は野中も初めは森おろしに走り、謀反を企んでいた。もともと森との関係が良くなかった事情もある。

今も覚えているが、加藤の乱の直前、野中が講演先で加藤の行動を支持するような発言をした。俺はすぐ野中に連絡して、「あんたは仮にも幹事長だろう、総裁の首を取るような話をしていいのか」と言った。「そんなことは言ってない」と言うが、飛行機で東京に戻ってくる野中を、羽田の特別室で待つことにした。

現れた野中に開口一番、俺は「責任を取って加藤を除名しろ」と言ったが、野中は「森を倒すことはしないが、加藤を一生懸命担いで、次にやらせたいんだ」と答えた。自社さ時代、幹事長の加藤を幹事長代理として支えていた野中は、情を絡ませてきたのだ。

それでも俺は、「森内閣を守るために、加藤を除名しろ」と言いきった。普段は強気な野中も、加藤のケツを持った弱みがあったから、従うしかなかった。「3日待ってくれ」と約束した野中は、非情に徹して動いた。結局、加藤派の谷垣禎一が泣いていさめ、乱は不発に終わった。事態収拾をさせた手腕は、野中ならではのものだ。

老獪な一面もあったが、抵抗勢力と呼ばれて、時々の政権に批判もしてきた。野中は目線を低くして生きているからだ。保守色が強い自民党にとって、彼のような平和主義を追求する姿勢は必要不可欠だった。偉大な裏方を、日本は失ってしまった。

小渕恵三

俺を泳がせてくれた「平成おじさん」

豪気な連中が多い時代こそ、人柄の良い者が総理に担がれる。「平成」の元号を発表した小渕恵三さんがそうだった。

'98年、橋本龍太郎が参院選敗北の責任を取って辞任すると、小渕さん・梶山静六・小泉純一郎が総裁選を戦い、小渕さんが勝利する。当時の永田町には、梶山や野中ら「寝業師」が多くいたが、人が良い小渕さんが総理に担がれたのだ。

派閥の論理では、同じ竹下派の橋本よりも先に、派閥会長の小渕さんが総裁になるのが順当だが、順序が逆になったのは、先に述べたように'96年、俺が橋本政権樹立の支援に回ったからだ。そのとき、俺は小渕さんにも仁義を切った。「あなたが大将なのは分かっています。でも悪いんですが、今は国民的な人気が橋龍にあるから、彼を担ぐことを了承してほしい」と言うと、小渕さんは答えた。

「いやぁ、結構です、結構です」

寛大な人だと感じたし、人格者だった。周りに気を遣わせない、大物だった。自民党では佐藤派から田中派、竹下派と保守本流として歩き、橋龍、梶山、小沢一郎、渡部恒三らとともに「竹

下派七奉行」として力を振るった。だが総理への道は平坦ではなかった。小渕さんの地元は群馬県。福田赳夫・中曽根康弘という2人の総裁を出した自民きっての保守王国である。彼らに囲まれながら落選せずに議席を守るのは、どれだけ大変だったか。

'92年、竹下派会長の金丸信が東京佐川急便事件で議員辞職すると、派閥の後継者争いで同じ七奉行の小沢や羽田孜と対立した。結果的に、竹下登の後ろ盾を得た小渕さんが派閥領袖となったものの、小沢と羽田が反発して派閥を離脱し、竹下派が分裂する波乱もあった。その後、自民党副総裁にはなったが、重要閣僚ポストにも恵まれず、官房長官時代の「平成おじさん」イメージから脱却できず、埋もれかけていた。

総裁候補として頭角を現したのは、第2次橋本改造内閣で外務大臣のときだった。対人地雷全面禁止条約に、外務省の猛反対を押し切って署名したことで保革両方から高い評価を得た。外交能力の高さが証明されたからこそ、橋龍の後、異論もなく首相の座に就いた。

俺は小渕さんに感謝している。'99年、政調会長に指名してくれて、俺のやることに理解を示し、すべてを任せてくれたからだ。当時の政調会長はオールマイティに仕事ができた。総理も俺を無視しては政策を実行できなかった。ただ、政調会長として単に権力を振りかざしたわけではない。当時は各省庁が出してきた政策案を追認するのが慣習だったが、俺はダメな政策であれば官僚につき返した。大蔵省を出入り禁止にしたこともある。かねてから大蔵省の緊縮財政に俺は反対だったが、当時の主計局長の武藤敏郎（後の大蔵・財務事務次官、東京五輪・パラリンピック組織委員会事務総長）は、俺の言うことが駄目だとか言って、財政方針を押し付けるので

「何が駄目なんだ、冗談じゃない！」と一喝し、追い返したのだ。

公共事業の見直しも大仕事だった。大蔵省の役人を出入り禁止にしたはいいが、来年度予算編成は党が行わないといけない。でも財源がない。思いついたのが、無駄な公共事業を切ることだ。見直し作業は、あえて夜8時以降にやらせた。公共工事を切られると困る、と市町村長や県会議員が党本部に押し掛けてくるのは夜だ。そこで建設省や農水省の役人らも交え議論をすることで、国民からは自民党が毎夜徹夜で頑張っているという印象を持たれる。その熱気に呑まれ、心理面でこちらが勝てると踏んだのだ。実際、わずか10日間で無駄な２２３事業を中止にして、２兆８０００億円の財源創出に成功した。

そういう俺を批判することなく、小渕さんは自由にやらせてくれた。そんな彼が志半ばで突然脳梗塞を発症し、亡くなってしまったのは残念でならない。

小渕政権は発足当初こそ支持率が低かったが、'99年10月にスタートした自自公連立によって政権基盤は安定していった。ところが公明党が連立に加わり、自由党の小沢がワガママな政策の要求をし始めた。結果的に小渕さんと小沢の2人で会談をしたが、話がまとまらず決裂し、自由党は連立から離脱する結果になってしまう。小渕さんが倒れたのはその直後だ。

生真面目な性格ゆえ、悩みは深かったはずだ。やりきれない思いでいっぱいである。

加藤紘一

「加藤の乱」とプリンスの実像

首相の座に最も近い男と言われながら、自ら権力闘争を仕掛けて失敗し、一転して転落人生を歩んだのが加藤紘一だ。宏池会のプリンスと呼ばれ、将来の総理候補として有望視されていた。小泉純一郎、山崎拓らと組んで、竹下派支配下における「抵抗勢力」としてYKKトリオを作って存在感を示した加藤は、'95年の橋本龍太郎総裁のもとでは幹事長を務め、影響力を順調に強めていた。

自社さ政権成立後、加藤が属していた宏池会は、河野洋平総裁を総理に立てられなかったことから、党内では亜流の存在になっていた。しかしポスト村山として、河野さんは総裁選再選を目論む。俺や平沼赳夫、塚原俊平が野中広務に連絡して、一緒に橋本龍太郎を担ぐことにすると、それを野中から耳にした加藤が乗ってきたのは、先に述べた通りだ。

加藤は、河野さんの後をついていったところで、自分の芽はないと感じていたのだ。総裁選では橋龍が勝つという観測があったのは事実だが、これから平成研（当時は小渕派）の流れができてくるならば、野中も自分のために動いてくれる以上、将来の総裁の目につながるほうを選んだ。

宏池会の加藤の反乱により、河野さんは出馬を断念。橋龍が総裁となった後、加藤は論功行賞により幹事長に起用される。野中も幹事長代理として加藤のキャディー役を任じられ、加藤を総理にするために一生懸命動いた。加藤は、野中がかける言葉には、すべて耳をかたむけて聞いた。'96年の総選挙では、小沢一郎率いる新進党との二大政党対決に勝利。その後、野中とともに、新進党から保守系議員の引き抜き工作に動き、自民党の衆院単独過半数復帰を成功させた。加藤と野中は「相思相愛」の蜜月の関係にあった。

2人の蜜月にヒビが入ったのは、加藤が野中の言うことを聞かず、独断で動きはじめてからだ。'99年の総裁選のことだ。前年、橋龍の後に総裁に就任した小渕恵三さんは、無投票再選を望んでいた。しかし、ポスト小渕としてアピールしたかった加藤が、盟友の山崎拓と一緒に総裁選に立候補してしまう。加藤派（宏池会）内では「小渕派（平成研）と連携を維持して、禅譲路線を確実にするためにも、今回は立候補を見送るべきだ」という声も根強かった。小渕派の野中からも、ここは動くなと忠告されていた。

しかし加藤は、強硬に主戦論に出た。総裁選は既定路線どおり小渕さんが再選されたが、激怒した小渕さんは、その後の人事で加藤派を冷遇。野中に対しても不信感を抱くようになり、野中を官房長官の座から下ろした。野中は、加藤を総理にするという一念で動いてきたのに、加藤に裏切られた思いだっただろう。それ以後、野中は反加藤にまわった。

その小渕さんが病で倒れ、森喜朗が後継の座につくが、ポスト小渕として有力候補だった加藤は、森に先を越されたことが不満で焦りを覚えていた。このままでは総理にもなれず埋もれてい

く と考え、倒閣を企てたのが、俗にいう「加藤の乱」である。

野党は内閣不信任案提出の構えを見せた。加藤は森おろしを国民の大多数が支持するだろうと考え、野党案に同調する動きに出た。盟友・山崎拓と組み、党の方針を無視し、自派の議員は本会議の採決に欠席すると宣言したのだ。加藤派と山崎派の計64人が野党に同調し、不信任に回れば可決となって、森内閣は倒れる。そうなれば解散総選挙になっていたに違いない。下手をすれば自民党分裂の危機にまで及んでいただろう。

のぼせあがった加藤を止められる者はなかった。野中は、加藤の側近だった古賀誠と連携し、加藤・山崎両派の切り崩しを図っていった。結局、両派の多数の議員が反対にまわったことで、加藤の倒閣運動は失敗に終わった。花火を打ち上げるつもりが、線香花火で終わってしまったのが「加藤の乱」だった。

加藤は秘書の言いなりの面もある政治家であり、総理の器ではないことなど、俺にはハナからわかっていた。プリンスと呼ばれていたが、俺に言わせればプリンスメロンだ。甘い。野心はあっても、脇が甘すぎたのだ。ＹＫＫにせよ、友情と利害打算の関係だから、結局最後には小泉に裏切られた。自分ではうまく立ち回ったつもりでも、ここ一番の機会で読み間違えて失敗する。それが「プリンス」としての限界だったのだろう。

山崎拓

同い年と見た「永田町動物園」

山崎拓は、議員としては俺よりも先輩だが、同い年として、ずっと永田町を一緒に眺めてきた。お互いに世襲議員ではないところが共通点だ。所属する派閥も違い、政治的にはけっこうすれ違いが多かったが、長年の友人である。当初はあまり接点もなかったが、気づいたら仲良くなって一緒に酒を飲んだりする関係で、今に至る。

ヤマタクと言えば、小泉純一郎、加藤紘一と派閥を超えた前出のトリオ・ＹＫＫで有名だが、彼ら自身が「ＹＫＫは友情と打算の二重奏」と言っていた。派閥の枠外で何かやろうという意欲はあったはずだが、結果的に総理になったのは小泉だけ。ヤマタクは小泉政権で副総裁を務めたものの、'03年の総選挙ではあえなく落選した。そもそもあいつは女好きが過ぎる。女性スキャンダルは、到来すべくして到来したようなものだった。

ヤマタクはもともと中曽根派と、その流れを汲む渡辺派に所属していたが、衆議院の所属議員を束ねて離脱し、山崎派（近未来政治研究会）を結成した。渡辺派には、村上正邦さん率いる参議院中心のグループが残った。一方、俺は清和会から仲間を引き連れて離脱し、独自のグループを作っていた。この2つが合流したのが、村上・亀井派（志帥会）だから、俺の派閥結成の背景には、ヤマタクの動きが大きく影響していたといえる。

ヤマタクが偉いのは、自分で作った山崎派を石原伸晃に譲ったことだ。彼には親分肌のところがあって、子分ができやすい。政界を退いた今も、石原派の顧問として、後方から支えている。立派なものだと思う。

'05年の郵政解散は、俺とヤマタクの政治生命にとって、分岐点になった。落選中で、民間人の立場で総理大臣補佐官をやっていたヤマタクは、この選挙では小泉の後押しで復活当選を果たす。俺のほうは、自民党から出て、国民新党を立ち上げて臨んだ選挙だ。自民党は俺への「刺客」として、ホリエモンこと堀江貴文を送り込んできた。

ヤマタクは「ホリエモンを立てても、亀ちゃんならば負けないだろう」と思ったと後に語ったが、実際はどうだろうか。政治の世界に情け容赦など存在しないことは、俺もよく知っている。そのヤマタクでさえ、郵政選挙以降は小泉と距離が出てきて、最後は小泉からも外された。義理人情のなさにかけては比類ないのが、小泉という男だ。ヤマタクは、'09年の政権交代選挙で、再度落選してしまう。

ヤマタクとはその後も関係が続き、国民新党から出て欲しいと、'10年の参院選への出馬を要請したこともあった。この参院選に際して自民党はベテラン議員に公認を与えない姿勢を打ち出したから、国民新党から打って出ればいいと考えたが、ヤマタクは乗らなかった。なかなか態度を決めないヤマタクに「グズ拓なんか相手にしねぇぞ」と見得を切ったりしたが、駄目。最後まで首を縦に振ってくれなかった。そこでヤマタクの政界引退が確定的となった。あの頃は民主党の力も衰えていたから、連立を組んだ国民新党にヤマタクのような経験豊富な実力者が入ればもっと面白い展開になっていたと、今でも悔やまれる。

その後、俺は民主党政権を離脱し、国民新党からも離党。石原慎太郎と新党を作ろうと画策したり、超党派で新しい政治の枠組みを作ろうと奔走した。超党派でグループを作った時には、ヤマタクにも来てもらったことがあった。大きな政局を仕掛ける時は、この「永田町動物園」の重鎮のひとり、ヤマタクに力を借りたいという思いがあったのだ。

’15年に安保法制をめぐって紛糾した時にはヤマタクと一緒に反対の狼煙を上げ、日本記者クラブで安保関連法案反対の会見も一緒に行った。他は藤井裕久や武村正義と野党系の議員だったが、一緒に反対の声を上げたのは彼なりの良心だったのだろう。アメリカのポチになんかなっちゃいけない。その問題意識は、俺とまったく同じだ。

総理になるやつはちょっとした「光」があるものだ。残念ながらヤマタクには、それがなかった。トップでなく、陰の実力者として力を発揮する方が似合っているのだと思う。政治的に共闘して何かをやったことはなかったけども、同い年で、同じ時代を生き、同じ感覚を持った政治的な同志であることは間違いない。

中山太郎

「憲法論議」のタブーを壊した

俺は自民党時代では初当選から清和会に世話になっていた。'91年に安倍晋太郎先生が亡くなると、三塚博さんが派閥を引き継いで三塚派となったが、実態は派内の森喜朗や小泉純一郎が三塚さんを傀儡にして実効支配を敷きはじめ、政策や人事も自分らに都合良く動かし始めた。派内の俺のグループも冷遇され、ここにいてもしょうがないと考えた俺は、'98年9月に平沼赳夫ら20人と共に派閥を抜け、先述のように政策勉強会「日本再生会議」を立ち上げた。そのとき、真っ先に協力してくれたのが中山太郎さんだ。

中山さんも三塚派だったが、森や小泉のような、数の論理で権力闘争やポスト獲得ばかり考える派閥のあり方に疑問を抱いていたこともあって、俺より早く派閥に退会届を出していた。身寄りがなくなった俺たちも、参院幹事長経験者の中山さんを勉強会の頭に据えれば、他派閥からの人が集まるだろうと考えた。議長を打診したら、快諾してくれた。

中山さんが日本再生会議に参加してくれた効果は覿面《てきめん》だった。宮澤派の麻生太郎、旧渡辺派の島村宜伸ら各派の幹部が賛同し、小渕派、旧河本派、無派閥からも総勢50名の議員が集まった。

中山さん自身は小児科の医師から政治家に転身したが、両親ともに国会議員のサラブレッドだ。母親は日本初の女性閣僚を務めた中山マサさん。弟は建設大臣を務めた中山正暉、甥は自民党元衆議院議員の中山泰秀で、政治のセンスのある一族なのだ。

'55年、30歳の若さで医者を辞めた中山さんは、大阪府議会選挙に出馬。府議を4期、'68年に参議院議員となってから3期、さらに'86年に衆議院に鞍替えしてからは'09年まで7期と、半世紀以上にわたって政界で独特の存在感を放った。参議院議員のまま勤め上げていれば、議長は間違いなかったが、後述するライフワークの憲法改正に本気で取り組むためにも、参議院の枠に収まるわけにはいかなかったのだろう。信念を曲げない人である。

中山さんの立ち居振る舞いは、公家だ。しかし嫌味なわけではない。品がよく物腰丁寧で、誰からも慕われていた。さしずめ蜂須賀小六のような野武士である俺を苦手に思われていたかもしれないが、政治には愚連隊も必要と感じ、可愛がってくれたのに違いない。

中山さんの政治哲学には、原点である医師の経験が随所に見える。時には、俺とは相容れないこともあった。'97年に成立した臓器移植法案がそれだ。中山さんは、脳死を人の死と認め、臓器移植を可能にするこの法案を、議員立法として提案した議員の一人だ。議員個人の死生観や倫理観に関わるテーマだけに、共産党以外の政党が党議拘束を外す初めての事態となった。医者と患者の気持ちがわかる中山さんは、臓器移植で一人でも多くの人を救いたいと、この法案成立に力を注いだ。しかし、俺は脳死を人の死と認めることをどうしても受け入れられなかった。最終的に、本人の意思を生前に確認の上でなければ臓器移植はできないということで賛成に転じたが、俺の死生観とは相容れなかった。

ただ、俺の政治家としての柱である憲法改正については、中山さんは腹を割って話せる数少ない政治家だ。憲法調査会の会長を長年務めたのも、その熱意の表れである。中山さんが憲法改正を目指したきっかけは、海部俊樹内閣の外務大臣として迎えた、'90年の湾岸戦争だった。後に「湾岸戦争でサウジアラビアから自衛隊の協力を求められたが、憲法上、不可能だった。そこが私にとっての起点だった」と語っているように、憲法9条をどうすべきか本気で議論しなければ、まずいと中山さんは強く感じたのだ。

'00年には衆参両院の憲法調査会設立の中心となった中山さんは、与野党問わず多くの議員と憲法論議を深めた。といっても、心配りを忘れないところが彼らしい。政局を招かないために、与野党の合意がなければ会を開かない「中山方式」を考案した。憲法審査会に引き継がれた今でもこの方式が根付いている。

俺は自主憲法を作り直すべきだと考えているのに対し、中山さんはあくまで改正を唱えているという違いはあるが、長年タブーとされてきた議論を日向のものにした中山さんの功績は大きい。憲法に口を出すことには度胸と根性がいる。中山さんが一線を退いた今、腹の据わった政治家がもっと出てこなければ、日本はダメになってしまうだろう。

新井将敬

凄惨な最期を遂げた、本物の政治家

ホテルパシフィックメリディアン東京の部屋に平沼赳夫と駆けつけたとき、新井将敬の無残な姿が目に入り、俺は絶句した。首を吊って死ぬまで追い詰められていた将敬を、俺はどうして止められなかったのか。悔しさがこみ上げてきた。

'18年12月、改正入管法が参議院本会議で可決し、成立した。在留資格制度を新設し、外国人労働者受け入れを拡大する法律だ。外国人の受け入れについては、俺が金融・郵政改革担当大臣のときも、外国人参政権の是非などを巡り、さまざまな議論が沸き起こった。

こうした話が持ち上がるたびに俺が思い出すのが、新井将敬のことだ。在日韓国人2世として日本で生まれ、後に帰化して日本国籍を取得。東大から大蔵省キャリア官僚というエリート畑を歩む。'86年の衆議院総選挙で初当選し、政治家へ転身した。

永田町では「青年将校」とも呼ばれ、保守派の論客として活動した。だが、日興証券との証券取引法違反の疑惑をかけられ、'98年2月19日に都内のホテルで自決、50歳という若さでこの世を去った。将敬は優秀な政治家だった。

俺は在日朝鮮・韓国人に対して差別感情を持つ連中を強く戒めてきたし、俺自身にもそうした意識はなかった。将敬にはそれが心に響いたようで、俺を頼ってきた。

外国人参政権の問題で、当時の俺の考えは以下のようなものだった。過去に日本が韓半島を支配したせいで屈辱的な思いを受けた人たちが、日本に移り住み、さまざまな苦労をしてきたことには、お詫びしないといけない。だがそれに対して、憲法上の国民の固有の権利である参政権を付与することで対応するべきではない。むしろ、参政権の行使を強く願う人に対しては、帰化しやすいように制度を改めるべきではないか……。

俺のような考えは、当時の自民党で他の連中には理解されなかったが、将敬は在日韓国人から帰化した身だから、共感したのだと思う。証券取引法違反の容疑で検察から事情聴取された将敬を、連日マスコミは追い回し、将敬は心身ともにまいっていた。

事件が発覚してから、俺は将敬と何度も電話で話した。彼は「証券会社から利益供与も受けていないし、特捜に追われるようなことはしていない」として、こう語っていた。

「友人が日興証券におり、その友人から勧められて株を買ったことはあるけれど、運用は担当者にまかせており、利益供与など法律に違反するようなことは一切やっていない」

ところが検察は強引な見立て捜査を続け、マスコミは大蔵省出身の将敬が、その権限を使ってまで利益供与を求めたと報じた。自決に追い込まれたのは、衆議院本会議で逮捕許諾請求が決議される直前のことだ。検察とマスコミが殺したのだ。

自殺する前の晩に、将敬は俺に電話をしてきた。涙声で、こう訴えるのだ。

「亀井先生……私は絶対に日興証券の関係でやましいことはありません。政治家だから、友人が株について有利なことをやってくれたのかどうかも知らないけれど、法律に反するようなことは絶対にやってません」

俺が「わかっとる」と言うと、将敬は泣きじゃくって、こう続けた。

「私は日本人になって、日本のために政治家として頑張りたい思いで、今までやってきた。これからも一生懸命頑張ろうと思っているんです。検察は私のそうした思いを全然理解してくれない。（日興証券の）友人は何日も事情聴取を受けているのに、私はたった3時間で打ち切って、逮捕請求ですよ。悔しいです」

俺は「悔しいだろうが、頑張れ」と励ますしかなかった。

将敬の奥さん・真理子さんから電話がかかってきたのは、翌日午後12時半のことだ。

「主人が死にました」

急いで平沼と一緒に、将敬が宿泊している品川のホテルパシフィックメリディアン東京に向かった。将敬の亡骸は、部屋に横たわっていた。

床には日本刀が置いてあった。本当は日本刀で自決するつもりだったが、床が血で汚れてホテルに迷惑をかけることを気にしたのだろう。日本人以上に日本人になろうとした将敬は、理想の生きざまを求めて死にたかったのだと思う。

古来、日本の侍は、主君から辱めを受けたとき、主君に歯向かうことなく、自ら命を絶つことで主君に抗議した。将敬はそれと同じように、司法に受けた辱めに対し、日本の侍の作法にのっとり、抵抗した。

ホテルで前日から一晩一緒にいたという将敬の奥さんも気丈だった。将敬から決意を聞いた上で、覚悟した上で一夜をともにしたのだ。

朝、奥さんが帰宅した後に、将敬は自決した。前の日の晩に電話で話したとき、おそらく自決を覚悟していたはずだ。泣きじゃくりながら私に訴えてきた彼の思いに、俺が気付いていれば止められたかもしれないと思うと、今でも悔しく、忘れることができない。

彼は日本という国から断罪された。だがまったくの冤罪に対し、武士道に従って自らを裁き、身の潔白を訴えたのだ。だから私は彼の葬儀で本居宣長の和歌を詠みあげた。

「敷島の大和心を人問わば朝日ににおう山桜花」

将敬の奥さんは泣いて、こう言ってくれた。「亀井先生、まったく主人の気持ちの通りです。全部表現してくれました」と。

将敬は国を愛する本物の政治家だった。

塚原俊平

事務所でも宿舎でも麻雀三昧だった

昔は麻雀好きの政治家が多かった。夜な夜な議員宿舎に集まっては卓を囲み、皆で麻雀をやっていたものだ。なかでも無類の麻雀好きだったのが、労働大臣や通産大臣も務めた塚原俊平である。100kgを超える巨漢だが、落語研究会出身で陽気でユーモアのある男。誰からも「俊平ちゃん」と呼ばれて親しまれていた。

昼は事務所に仲間を集めて麻雀、夜も宿舎に戻って麻雀。長いときには、徹マンも当たり前で、明け方になるまで打っていた。それが連日続いても平気で、一にも二にも麻雀が好きな男だった。俺も好きだったから、毎日のように付き合った。よく平沼赳夫とともに3人で麻雀をしていたが、彼と共に過ごした時間の8割は麻雀だっただろう。

俊平が第1次橋本内閣で通産大臣だった頃のことを思い出す。朝、少しだけ大臣室に顔を出して仕事をするのだが、昼になると事務所に戻り、昼飯を食べながら俺たちと麻雀を始める。国会開会中だって関係ない。秘書官や役人が決裁を取るため、文書を持参してくるのだが、俊平は麻雀に集中しているから、あまり中身を見ないまま決裁していた。

ただ、彼は直感の持ち主で判断力に優れていたから、役人の説明で、そのよしあしを理解した。良い案であればサインしていたし、悪い案だと決してサインはしなかった。ひょっとすると、そうした判断力の良さは麻雀で培われたものかもしれない。

夜もたびたび付き合わされた。仕事が終わると、料亭に行って飲んで芸妓と遊ぶか、高輪の議員宿舎で麻雀をする。宿舎にも当然雀卓が備え付けられていて、俺や平沼、ときには園田博之や与謝野馨らが来て一緒に打っていた。

山梨県上九一色村《かみくいしき》（当時）にある俺の別荘に泊まり、平沼と俊平とゴルフをやるはずが、いつの間にか徹夜麻雀だけやって帰ってきたこともあった。こうしたメンバーで石原慎太郎を総裁選に担ぐために奔走したり、党内抗争では執行部と対峙したりした。いずれも麻雀が繋いでくれた縁で、ありがたいと思っている。

俊平との出会いは、俺が初当選して福田派に入ったときに始まった。当選回数は俺より上だが、偉そうな素振りも一切しないし、いつも「亀ちゃん、亀ちゃん」と呼んで兄貴分として慕ってくれた。俺と同じく、やんちゃ坊主で権威なんておかまいなし。強い者に抵抗する点も魅力的で、出会ってすぐに意気投合した。

俊平には、怖い政治家などいなかった。三塚派では、派閥内で森喜朗や小泉純一郎がふんぞり返って威張りくさっていたが、彼は森に対しても、平気でデブ、デブと言って馬鹿にした。俊平と森は、いつでもお互いに「このデブが！」とののしり合っていた。

俺も権威に逆らうことが大好きな性分だ。欲がないから、何でも言いたいことが言える。純粋無垢で裏表がない彼とはウマが合ったし、悪童同士でお祭り騒ぎをして楽しかった。

'97年12月に急死したとき、俺にかぎらず誰もがショックを受けた。かつて中選挙区時代に選挙区（旧茨城2区）で梶山静六さんとライバル関係で争っていたこともあったが、梶山さんでさえ衆議院の追悼演説で「この議場で君の愛くるしい笑顔に接することができないのは寂しい」と言ったほどだ。俊平の人徳のなせるワザである。

実をいうと、俊平が命を落としたのは、大好きな麻雀のせいだった。前日に行われた実父・塚原俊郎（元労働大臣）の二十三回忌の法要の参列者へ、挨拶回りをしていた時に倒れた。午後からは、俺たちと麻雀をやる予定が入っていた。麻雀をやりたい一心で駆け足で回り、その結果階段で倒れ、心筋梗塞で帰らぬ人となってしまったのだ。

文字通り、麻雀とともに逝ってしまった。だが50歳は早すぎる。いきなり目の前から俊平がいなくなって、寂しくて仕方がなかった。俊平の嫁さんからは、遺品として麻雀パイをもらった。あれほど麻雀を愛していた俊平だが、麻雀は決して強いわけではなかった。麻雀をやるのは、人と一緒にいるのが好きだったからではないか。

あれほど敵にも味方にも愛された政治家は、今後出ることはないだろう。

太田誠一

石原の総裁選で見せた「男気」

これぞ九州男児という男。ナイスガイという言葉は、太田誠一のためにあると言っても過言ではない。博多随一の富豪として名を馳せ、東邦生命を同族経営してきた太田一族出身で慶應ボーイの太田は、まさにお坊ちゃんだ。しかも慶應では、数理経済学の博士課程を出て大学の助教授まで務めていたプリンスである。だが、太田にはそれを感じさせない泥臭さがあり、一本気なところを持っていた。だから俺と気が合った。

国政初挑戦は俺と同じ'79年の総選挙だった。俺は当選であいつは落選。太田はその次の総選挙で初当選した。太田は宏池会に、俺は清和会に属したが、当時は田中派全盛期である。首相を退任した後も、田中角栄さんは政局に隠然たる影響力を与えていた。

派閥中心で政局が決まってしまう状況をなんとか変えたいと、田中派以外の派閥横断で勉強会を立ち上げ、ここで俺と太田は一緒になった。いわば「反田中」の集団だが、角栄さんがどのようにけじめをつけるべきか、といったことまで議論していた。

その後、田中派から離脱した竹下登さん率いる経世会が全盛を迎えるものの、リクルート事件で政界は大混乱に陥る。そこで俺が作ったのが、派閥横断のグループ「自由革新連盟」で、ここにも太田は最初から参加してくれた。会合で太田は、「リクルート疑惑に関与したとされる国会議員は、国会に自ら進んで出席し、責任を明らかにすべきだ」と強く主張した。満場一致で了承され、俺たちは「党自らがリクルート問題に対するけじめをつけずに衆院解散・総選挙をすることに反対する」という趣意書を採択した。相手が時の首相だろうが、怯むことはなかった。自民党の中でも、堂々と主流派と戦う時代があったのだ。

さて、リクルート事件では竹下総理が退陣し、後任総裁の選任は総務会に一任された。実務を担ったのが、幹事長代理の橋本龍太郎だ。安倍晋太郎さんをはじめ、主だった候補はみんなリクルート事件に関与していたため、消去法的に宇野宗佑さんが選ばれることになった。だが俺たちは、この決定には非常に不満だった。俺は太田や平沼赳夫らとともに、メンバーでもないのに総務会に流れ込み、「俺たちは生きのいい魚を買ってきてくれと頼んだんだ。腐りかかった魚なんか頼んでない」とかましてやった。

宇野さんには悪かったが、紛れもない本音だった。抵抗もむなしく、けっきょく宇野さんが総裁に選出されたが、直後の参院選で惨敗するや、あっという間に退陣した。それを受けて'89年8月に行われた総裁選で、俺は盟友の石原慎太郎を担いだ。だが必要な20人の推薦人がなかなか集まらない。19人までいったが、1人足りない。困り果てているところに、太田がひょっこり現れて、こう抜かした。

「おい、どうしよるんだ？　どうせ集まってねえんだろうが」。舐め腐った太田の態度に、俺も意地になって、「いいわ。お前なんかに入ってもらわなくていい」と返した。だが太田は一言「俺、入るよ」と言って、推薦人に入ってくれた。太田は石原と仲が良かったわけでもない。俺が困っているのを見かねて、派閥のしがらみも無視して、推薦人になってくれたのだ。太田にはそういう男気がある。

'93年7月、宮澤政権下の総選挙後も、太田は容赦なかった。宮澤さんが退任するのは当然のことだが、野党に転落するほどの敗北を喫したのだから、党の抜本的な改革が必要だった。

自民党議員全員が揃った7月22日の両院議員総会では、「宮澤総裁はC級戦犯だ。壇上にA級、B級戦犯もいる。この人たちの責任をはっきりさせてもらいたい！」と、幹事長だった梶山静六さんら執行部の大先輩の目の前で、太田は堂々と批判したのだ。

'05年の郵政選挙で俺は自民党を離党し、太田との接点も減った。太田は福田康夫政権で農水大臣になるも、1ヵ月で辞任。その後'09年、太田が福岡でパーティーをやった際に、もう国民新党だった俺が激励に行ったから、出席者たちは驚いていた。'09年当時は、解散すれば政権交代は確実という雰囲気があり、野党に勢いがあった。一方、民主党政権になっても小沢一郎以外に政権の中枢を担った経験のある奴はほとんどいない。太田なら自民党政権でも閣僚がやれると、彼に秋波を送ったのだ。だが、結局そのまま選挙を迎え、太田は落選し、これをもって政界を去る。しかるべき立場で活躍すべき政治家だったのだが。

柳本卓治

中曽根にすべて捧げた「博打の天才」

政治家は大きく二つに分けられる。己の信念を貫き行動するタイプか、師の意志を引き継いで行動していくタイプだ。俺は前者だが、安倍晋三や菅義偉は後者だろう。晋三は祖父・岸信介の意志を継ぎ、改憲を成し遂げたい。菅も梶山静六さんを師と仰ぎ、無派閥のまま総裁選に挑戦した恩師に忠誠を誓い、派閥に属していない。

自分の政治の師に対し、もっとも忠誠を誓ってきた政治家といえば、柳本卓治である。

柳本は中曽根康弘先生の秘書だった。'65年に中曽根御大に出会うと、秘書、衆議院議員、参議院議員として勤めあげ、'19年7月に政界を引退。50年以上にわたり、中曽根先生が一貫して訴えてきた自主憲法制定のために尽力してきた。参議院の憲法審査会会長を5期連続で務めたのは、彼くらいだろう。憲法改正一筋の原動力は、中曽根先生への忠誠心にほかならない。

俺自身も中曽根御大には大変世話になったし、いつまでも戦後にGHQが作った憲法ではなく、自主憲法を制定すべきだという考えは同じだ。しかし、改憲は国民から「この憲法ではいかん」というう ねりが生まれてこない限り、難しい。柳本にもそう言ったことがある。すると彼は

こう答えた。

「現実的に厳しいのもわかります。衆議院と参議院の3分の2の発議がないかぎり、憲法改正は俎上にも上がらないわけですからね。国民投票となると、さらに厳しい。でも、私は中曽根先生の思いを継いで、やり遂げないといけないんです」

聞きながら、この男の政治家人生のすべては、「中曽根カレンダー」のなかにあったのだと感じた。

'19年12月3日、中曽根先生の密葬が行われた。柳本は先生が亡くなってから5日間、ご遺体の側に付きっきりだったという。先生から譲り受けたセンチュリーを大事そうに乗っていた柳本にとって、中曽根先生は親も同然の間柄だったのだ。

密葬で中曽根先生の棺を担いだ俺にも、さまざまな思いが去来した。自社さ政権樹立の時には対立もしたが、志帥会の結成に尽力していただき、派閥最高顧問として大きな懐で見守っていただいたことには、感謝しかない。葬儀の場で憔悴しきった柳本に声をかけた。

「柳本、寂しいだろう。ここまでよく中曽根御大に仕えてきた。お前は偉い男だったと思う。ご苦労だったな」。柳本は、声を出さずに涙を堪えていた。

柳本との出会いは20年以上前になる。麻雀仲間の塚原俊平が亡くなり、平沼赳夫や白川勝彦、与謝野馨といった連中との麻雀でメンツが欠けることが出てきた。そこに、友人の島村宜伸の紹介で会った柳本が、麻雀仲間として加わってから急速に親しくなったのだ。

柳本はプロ顔負けの腕だった。卓を囲むと、最初こそ相手を勝たせるが、最後にはすべてを回収してしまう。気が付けば、みんなスッテンテンになっているのだ。頭が良いのだろう。絶えず場の状況を見て、誰がテンパイしてるのかを読める。競馬でもそうだった。

博打といえば世間には印象が良くないかもしれない。だが政治家にとって、少なくとも麻雀は重要なものだった。麻雀仲間と政治の局面を読むためだ。長時間をともに過ごすから、必然と政治談話に花が咲く。遊んでいるほど、嘘偽りなく本音で語れるのだ。

今の政治が駄目なのは、そういう人間関係が作られてないからだ。俺の仲間は、仲間のためであれば泥をかぶるのも平気な連中だった。志帥会の会長となって俺が総裁選に出馬し、全国行脚で大阪に行ったとき、多くの支援者を集めてくれたのは柳本だ。

来てくれた支援者や柳本に感謝の意を込めて、「おかあさん」という歌（川内康範さんが作詞・作曲）を唄った。「人の幸せはうらやむな、雨の降る日は傘になれ」という歌詞には、俺の政治の基本がこめられている。辛いときには傘になって見守り、人のことをうらやまず、人のためになることをしろという母の教えだ。4反3畝の貧しい農家で、息子2人を東大に行かせてくれた父母には今でも感謝しきれない。大阪では支援者の誰もが涙を流して聞いてくれた。柳本にも中曽根先生がいたからこそ、政治の基本を忘れずにやってこられたのだろう。直弟子として恩師の意志を引き継ぎ、使命を果たしてもらいたい。

江藤隆美

「下から目線」を通した人格者

　いま自民党の主要派閥・二階派として存在している「志帥会」は、もともと村上正邦さんと俺が作った派閥である。その2代目会長を務めたのが、江藤隆美さんだった。

　'99年に志帥会を作った経緯は、すでに書いた。初代会長に就任した村上さんが参議院議員会長に就任したために、派閥を離れることになった。しかし、村上さんとともに政策科学研究所（旧渡辺派）から入ってきたメンバーには、山中貞則さんや中山正暉さんのような頑固者の重鎮が多く、とてもじゃないが俺の手に負えない。そこで頼ったのが、人柄のよさで知られる江藤さんだった。

　ところが江藤さんは、「俺は金がない。だから引き受けられない」と言う。「いや、お金は私が全部出しますから、引き受けてください！」と懇願したところ、「おお、そうか」と言って引き受けてくれた。俺は会長代行として実務をみることになり、「江藤・亀井派」と呼ばれるようになった。江藤さんは俺が金を出しているからといって、悪びれたり、卑屈になったりするようなことはなく、泰然としていた。器の大きい人だった。

　'01年の自民党総裁選で、俺は小泉純一郎と戦うことにした。俺の他の候補者は、小泉、橋龍、麻生太郎の3人。テレビ調査では小泉が1位、橋龍、俺という並びだった。

最後までやるつもりだったが、塩川正十郎さんが「もともと亀井君も同じ清和会にいたんだから、この際、小泉にしてやってくれんかね」と頼んできた。そこで、俺は議員投票の前に、小泉と9項目の政策協定を結んで辞退することにした。総裁になれなくても、必要だと思うことが実現できればいいと思ったからだ。

9項目の一つに「人事は両派で相談して決める」があったが、これがいきなり反故にされた。小泉の当選翌日のこと。俺は赤坂の料亭「外松」で、江藤さんと森喜朗と「お疲れさん会」ということで飯を食っていた。すると、電話がかかってきた。平沼赳夫だ。

「小泉さんから電話があって、政調会長をやってくれと頼んできた」。政策協定を結んだばかりなのに、協議もせずに勝手なことを！　怒る気持ちもあったが、「平沼のことだから、まあいいか」と思い、「まあ、ええわ」と返した。すると、隣にいた江藤さんが「ちょっと電話をかせ！」と俺の電話を奪い取り、「まかりならん」と一喝した。「協定違反だぞ」。

これで平沼の政調会長はなくなった。結局、麻生が政調会長に就任することになり、平沼は経産大臣に落ち着いた。俺は多少の不義理があっても、「まあ、いいか」となってしまうが、江藤さんは義理に反するような言動を許さなかった。筋を通す人だったのだ。

森内閣誕生のときもそうだ。各派閥の領袖を閣僚に据えるはずだったのに、「若い連中を入れてやってくれ」と、自ら入閣を断った。地位に恋々としないさまは、あっぱれだった。

江藤さんは、成田空港の反対派農民と直接対話し、謝罪したことでも有名だ。'89年12月、運輸大臣だった江藤さんは反対派からの質問状への回答で「地元への不十分な説明が問題長期化の原因」と答えて謝罪した。そこから、話し合いによる解決を図る機運が生まれ、翌月には反対同盟幹部と会談し、直接謝罪することになる。

公団が仁義を切らずに力で押し切り、土地を強制収用したことに対して、江藤さんは元農民として、深い同情を寄せていたのだと思う。ところが、この直後の総選挙で、江藤さんは閣僚ながらまさかの落選を喫する。成田の問題に熱心に取り組むあまり、地元にほとんど入ることができなかったからだ。果たすべき仕事を優先する稀有な人だった。

奥さんとの馴れ初めも有名だ。ストーカーのように追っかけ回し、道の途中で待ち受けて「私はあなたと結婚します」と宣言したという。それで実際に結婚できたのだから、嘘みたいな本当の話だ。相手を圧倒するほどの情熱と溢れる男らしさがあってのことだろう。

'03年に政界を引退すると、俺が会長を引き継ぎ、「江藤・亀井派」は「亀井派」となった。江藤さんの後継者、息子の江藤拓は礼儀正しく、素晴らしい男だ。父親譲りの真面目でいい政治家になった。俺は常に「下から目線」の政治を大切にしてきたが、江藤さんも百姓出身だけに、常に「下から目線」の政治家だったのだ。

中川昭一

親父さん譲りの「情」が忘れられない

弟のように可愛がっていた中川昭一が亡くなり、早12年が過ぎた。はにかみ屋なところもあったが、いつも屈託のない笑顔で、俺を兄のように慕ってくれた。

親父譲りの農政通でもある昭一は、農林水産大臣を2度務め、経済産業大臣、財務大臣、果ては自民党政調会長までこなし、総裁候補として嘱望されていた。だが、56歳という若さでこの世を去ってしまった。

'09年2月、昭一は財務・金融担当大臣としてローマで開かれたG7（先進7ヵ国財務相・中央銀行総裁会議）に出席した。その後、酩酊したような朦朧状態で記者会見に出て猛批判を浴び、責任をとって大臣を辞任。半年後の総選挙で謝罪行脚をしたが、民主党候補に敗れ、比例復活もならずに落選した。1ヵ月後、自宅の寝室で倒れているのを発見された。

その日、俺は自分の事務所にいたが、一報を聞いて慶應病院へ急行した。だが昭一は、すでに息を引きとっていた。今でも病や発作によるものだったのか、それ以外の理由があったのか、はっきり分かっていない。いずれにしても、昭一ほどの男を失ったのは残念と言うほかない。

俺が昭一を可愛がってきた最大の理由は、親父の中川一郎さんに世話になったからだ。一郎さんが俺の大恩人であることは、先に述べた通りだ。その一郎さんが'83年1月、ホテルで自ら命を絶ってしまった。昭一に初めて会ったのは、一郎さんの死を知って駆け付けた先だった。

その時の昭一は、まだ興銀に勤めていて、人見知りで真面目な青年という印象だった。だが保守勢力結集という親父さんの志を引き継ぐため、銀行マンを辞めて北海道5区から出馬する。弔い選挙には一郎さんの秘書を長年務めた懐刀、鈴木宗男も出馬し、骨肉の争いとして注目された。結果的に昭一がトップ当選した。

それから俺は、親父さんへの恩返しと思い、昭一の面倒を見るようになった。最初は親子ほど力量の差があったが、次第に実力をつけ、頼もしい政治家になっていった。思い出すのは'06年。前年の郵政民営化法案で造反した議員の復党問題で、自民党内は激しく割れた。当時の幹事長中川秀直は、復党の条件として、郵政民営化に賛成する「踏み絵」を迫った。政調会長の昭一はこれを猛然と批判した。自身は民営化に賛成だったのに、俺たち造反組を本気で気遣ったのだ。彼の情の深さは親父さん譲りだろう。血は争えないと思ったものだ。

拉致議連の会長として北朝鮮に毅然と立ち向かい、東シナ海のガス田問題で中国と舌戦を繰り広げるなど、保守派のリーダーとしても存在感を発揮した。親父さんが志半ばで成し遂げられなかった保守再興を実現したかったに違いない。

古賀 誠

野中が太陽なら、この男は月だ

支持25％、不支持45％――。'98年7月に発足した小渕恵三内閣の支持率は、歴代最悪の水準だった。同月の参院選で自民党は惨敗し、橋本龍太郎内閣が総辞職し、後を受けた小渕だが、ニューヨーク・タイムズに「冷めたピザ」と書かれるくらい、まったく期待されていなかった。その小渕さんを窮地から救った男が２人いる。古賀誠、そして野中広務だ。

衆参のねじれを解消するために、官房長官の野中は、それまで政敵だった当時自由党の小沢一郎、そして公明党との連立を実現しようと奔走した。その陰で汗水かいて動いていたのが、国対委員長の古賀だった。２人は阿吽の呼吸で自自連立、自自公連立政権を作り上げ、政権運営の行き詰まりを打開した。

このとき間近で見ていた俺は、野中が太陽なら、古賀はお月さんだと思った。太陽がなければ月は光らない。だが月がなければ太陽の明るさは際立たない。両者は対照的だったが、裏では強い絆で結ばれていたのだ。古賀という男は地味で暗い奴に見えるが、そこが強みでもある。口数が少ないから、何を考えているのか悟れない。やがて周りのほうが考え込み、いつしか古賀の術

中にはまる。野中は自分の来歴や思うことを包み隠さず、むしろ武器にしてゆく苛烈さがあったが、古賀は戦法も野中の正反対だ。

古賀が頭角を現したのは、'00年の11月に自民党を激震させた「加藤の乱」（先述）が契機だ。前年の総裁選で小渕さんが2選目に出馬した時、いきなり加藤と山崎が揃って出馬したが、当時加藤に一番近かったのが、古賀だった。俺はすぐさま古賀を呼びつけ、「なんで加藤は（総裁選に）出るんだ。お前はなんで止めないんだ」と、怒りをぶつけた。しかし古賀自身、加藤を総理にするという一念でやってきただけに、戸惑うばかりだった。

「俺も『党を挙げて小渕体制を支えようというときに、なぜ打って出るのか』と加藤さんを問い詰めたんだ。だが加藤さんは、『これは俺の政治の美学だ』と言って聞かなかった」

そう古賀は漏らした。ずいぶんと子供じみた哲学があったもんだ、と俺は呆れた。結局、野中による切り崩しと並行して古賀が加藤派の大半を反加藤でまとめあげ、クーデターは未遂に終わったが、カギは古賀と野中という「月と太陽」の連携だったのだ。難を逃れた森内閣は12月に内閣改造を行い、このとき幹事長を退いた野中が後継指名したのが、愛弟子の古賀だった。古賀はさらに存在感を発揮していった。

古賀と野中の心をこれほど強く結び付けたのは、戦争体験ではないかと俺は見ている。'45年1月に徴兵された野中は、本土決戦に備えて高知に配備された。終戦時、桂浜で自決を考えたという。古賀の親父さんは福岡の乾物商だったが、出征先のフィリピンのレイテ島で戦死している。だからこそ古賀は、反戦を強く訴える野中に惹かれたのだろう。俺の姉も、広島に落とされた原爆の二次被爆で亡くなった。俺は古賀とは散々ケンカもしたが、それは枝葉の話だ。戦争体験という、政治家としての幹が同じだから、相通じるものがあるのだ。

古賀と俺が本格的に共闘したのは、小泉純一郎政権の構造改革だ。俺は郵政民営化で徹底的に小泉と戦ったが、古賀は道路公団民営化に猛然と反対した。

「古賀は道路族だからだ」と言う人が多いが、そうではない。道路は国家の血管だ。国が責任を持って造り、管理するものだ。しかし小泉は一挙に民営化し、道路建設を特定企業の金儲けのネタにしようとした。儲けしか考えない民間企業は、過疎地に道路なんて建設しない。そのとき困るのは田舎の人たちだ。古賀は国民のために小泉に抗い続けたのだ。

安保についても、俺は自主憲法制定が信条で、古賀は護憲派だが、不思議と気が合った。'03年のイラク特措法に反対したときだ。イラク戦争には大義がない、自衛隊に米軍を手伝わせるなど言語道断だと俺は思った。採決のとき、真っ先に議場から退席するつもりだったが、俺より先に出て行った奴がいる。古賀と野中だ。

戦争を経験している政治家の根っこは、保守も革新も変わらない。平和こそが政治家を志す原点であり、究極の目標だ。古賀と一緒だと妙に安心するのは、そうした心根が信頼できるからなのだろう。

田中眞紀子

俺だけが知る「女親分」の真の姿

俺は長年、政界の暴れん坊として怖い者なしだったが、同じように物怖じせず威勢のよかった政治家といえば、田中角栄元総理の娘・眞紀子である。親父譲りの勝ち気な性格で、誰に対しても平気な顔でズバッ、ズバッと物を言う。たとえ自分より期数が上の議員であっても、一切おかまいなし。相手が総理であっても、自分が納得いかないことがあればとことん食い下がって、一歩も引かない。

父親である角さんの場合は、言葉数は少なくてズバズバ言うタイプだったが、眞紀子は毒舌で、何か一言言えば何百倍に増えて返ってくる。周りは戦々恐々で、ビビってしまう。まさに女親分という政治家だった。

仲良くなったのは、眞紀子が政界入りした翌年のことだ。村山政権で、彼女は1年生議員でありながら科学技術庁長官に大抜擢される。俺は運輸大臣だったから、閣僚同士で顔を合わすようになったのだ。1年生議員とはいえ、やはり角さんの娘だから、皆気を遣って下手に出ていたのだが、俺にはそんなのは関係なかった。眞紀子に対してもズバズバ物を言ったし、下手をうったときは叱ったこともある。

だから彼女も俺にはなついていた。眞紀子もまどろっこしい奴が嫌いだし、俺とはウマが合ったのだろう。予算委員会では、俺の隣に座っていた大臣を押し退けて、隣に来てちょこんと座った。俺に答弁の仕方を教えてもらうためだ。いくら角さんの娘でも、しょせんは1年生議員のことだから、政策には通じていない。初めて閣僚を経験する身だから、委員会での答弁も不安があったに違いない。

質問が出るたびに、「亀ちゃん、これはどうやって答えたらいい?」と聞いてくるから俺が教えてやっていた。毎回のことだから、正直疲れることもあったが、答弁から中身まで全て教えてやった。いってみれば眞紀子の家庭教師を俺が務めていたのだ。眞紀子は決して美人ではないが、いつも猫みたいにじゃれてくるから、可愛げがあった。俺の娘も、漢字は違うが同じマキコという名前だから親近感もあった。眞紀子も、娘のことを気にかけてくれていた。

'01年、総裁選に出馬したとき、俺は眞紀子に応援を頼んだ。ところが「亀ちゃん、ごめんね。昨日、純ちゃんと約束しちゃったの」と言うのだ。小泉純一郎と手を握るとは……向こうが先に眞紀子に声を掛けたのだから仕方ないとはいえ、恩知らずの馬鹿たれと思ったものだ。純ちゃんも人気はあったが、当時、世間では眞紀子が絶大な人気を誇っていた。街頭演説では、いつもヨレヨレのTシャツを着て「主婦の代表」として人々の心を摑んで離さない。「凡人、軍人、変人」のように、うまいキャッチフレーズを作り出しては世間の関心を引く。マスコミのアンケートでも「将来の女性総理候補」として必ず名が挙がっていた。総裁選で地方講演会を開いても

「純ちゃ〜ん、眞紀子さ〜ん」と大観衆がわんさか集まってくる。小泉はポピュリズムを味方に付けて動く人だったから、眞紀子人気に目を付け、味方に引き入れれば勝てると踏んだのだろう。

その時の総裁選には麻生太郎や橋本龍太郎も出馬したが、眞紀子の人気にはかなわなかった。もし俺に眞紀子が付いていたら、善戦して俺が総裁になっていた可能性も高い。そう思うと、眞紀子が付かなければ、その後に小泉政権は生まれなかったのだから、小泉も眞紀子には感謝しないといけない。

小泉が総理になり、眞紀子は論功行賞で外務大臣に就いた。でも案の定、あの性格だから外務省を「伏魔殿」と呼んだり、外務省人事を無理やり進めようとして事務方と対立し、揉めに揉めた。その渦中で、眞紀子が俺のところに来て「あいつら、私に逆らうのよ」と泣きついてきた。俺は「そんなこと言う奴はクビにしちゃえばいいんだよ」とアドバイスしてやったが、役人との溝は埋まらず、最後は小泉に更迭されてしまった。

結局、眞紀子は使い捨てにされた。その後、俺と同じように「反小泉」として吠えたが、時すでに遅しだった。雌ライオンのような威勢を放つ眞紀子だが、根は優しい面もある。地元の角さんの銅像が雪ざらしになっているのが忍びなくて、屋根を付けさせたのは有名な話だ。家庭でも、夫の直紀にはよく尽くしているという。

俺は眞紀子に、「あんたの旦那は偉いよな。お前みたいな女親分から逃げださないんだから」と言ったことがある。でも、その理由が、ある出来事でわかった。

俺がトイレで小便をしていたら、隣に直紀が来て小便を垂れはじめた。そのときチラッと見たんだが、でけぇ、でけぇ。でかいってものじゃないほど、大きいのだ。俺がミジメになってしまうほどだったが、これでは眞紀子が離さないと思ったものだ。

眞紀子とは今でもたまに電話で話す。政治家に戻る気はないようだ。地元の新潟・長岡市で、角さんの会社・越後交通の会長として経営に関わっているのが楽しいらしい。

眞紀子の器がもう少し大きければ、日本初の女性総理になっていたかもしれないと思う。一度はそういう座に就けたかった。

佐々木知子

あの黒川と同期だが、生き方は正反対

賭け麻雀で辞任した黒川弘務・東京高検検事長の司法修習同期で、ともに検事に任官したのが佐々木知子である。佐々木は'98年の参院選で、政界史上初めて、現役の検事から直接国会議員に転身した。俺は、彼女の擁立には反対だった。当時、自民党の比例区候補者は「党員2万人、後援会名簿100万人」という最低条件が課されていた。しかし、男女1枠ずつ設けられた「総理枠」という特

別枠の候補者にかぎっては、そのハードルが免除される。この選挙のときの男性枠は有馬朗人元東大総長で、女性枠が佐々木だった。

「総理枠」の存在を簡単に許してしまえば、必死になって党員獲得に励んでいる者のやる気が損なわれる。俺が総務会で反対したとき、森山眞弓元文相も俺の意見に同調してくれた。だが村上正邦や与謝野馨は、彼女をスカウトしてきた手前、どうしても入れたいという。村上のしつこさに根負けして、結果的に佐々木の総理枠擁立が決まった。

当時の比例代表選は拘束名簿式だ。あらかじめ政党側で候補者の順位を決めていた以上、総理枠であれば選挙運動をしなくても誰でも勝つことができた。選挙が終わって総務会室で一息ついていると、一人の女性が声を掛けてきた。

「亀井先生、今度参議院議員になった佐々木知子です。よろしくお願いします」

これが件の佐々木かと思った。プライドが高くて鼻につく奴かと想像していたが、そんなことはなく、人なつっこい。背も高くスタイルも良く、おまけに頭が良く、異性を感じさせないサバサバしたところもある。テレビドラマ『ドクターX』の米倉涼子のような雰囲気だ。加えてピアノの演奏はプロ級、検事時代からペンネームで小説家としても活動していた。

そんな優秀な女性が、なぜ検事を辞めてまで国会議員になったのか、疑問だった。佐々木に聞けば、検事時代は「政治は汚い世界」という認識しかなかったが、汚いと嫌がるだけでは日本はよくならない。立法府たる国会に、法曹である自分が入って社会をよくしたい、というのが転身の動機だと言う。社会のゴミ掃除ばかりしても一向に社会は変わらない。ゴミを出させないようにすることだと決心し、政治家に転身した俺と佐々木は似ている。共感した俺は、擁立に反対したことを詫びて、仲間として迎え入れることにした。佐々木と俺は同じ広島出身の同郷。たいそう可愛がってやった。

法務部会では、先輩議員に物怖じせずに意見をはっきり主張していた。'03年、死刑廃止を推進する議員連盟の会長をしていた俺は、死刑廃止法の議員立法に向けて年内の法案提出を目指していたが、そのとき、佐々木が法務部会で演説をした。「元検事として残酷な殺人現場に何度も立ち会ってきました。地獄の苦しみを味わった被害者遺族に、死刑以外でどう償うのか!」俺は斜向かいに座って聞いていたが、飼い犬に手を嚙まれたような気持ちだった。彼女はその後も法案の批判を続け、結局法案は廃案となってしまった。面倒を見てもらってきた俺に喧嘩を売ってでも、堂々と自分の意見を主張し続けるのだ。なかなかできることではない。そういう意味で、佐々木は検事同期の黒川弘務と対照的である。

黒川のことは俺もよく知っていたが、誰彼構わず相手の懐に入る男だ。安倍政権に評価されたのは、その距離感の巧みさゆえだろう。佐々木からも、気軽な姿勢や言葉遣いで関係を築こうとする黒川について聞いたことがある。堅いイメージの法務官僚が、こういう姿勢で寄ってくれば、政治家も「こいつは話せる」と錯覚してしまう。順調に歩を進めてきた黒川にとって、敷居の低さが、結果的に墓穴を掘ってしまったのだろう。

佐々木はわずか1期で議員を辞め、今は弁護士としての道を歩んでいるが、永田町を去るときの振る舞いには驚かされた。「政治活動費が余ったので、これを志帥会(亀井派)の政治活動に使ってほしい」と申し入れしてきたのだ。この当時は、平成研（旧橋本派）による日歯連からの小切手受け取り問題等で、政治とカネの透明性確保が叫ばれていた。だが、議員を辞めるとき、政治活動費を返してくる者など、それまでただの一人もいなかった。

これこそが、1期のみの任期だったが、政界に遺した佐々木知子流の政治だったのだ。佐々木が検察のトップに君臨していたら、とふと思う。

荒井広幸

俺の土下座に、荒井は涙をこらえた

一寸法師と呼ばれたほど小柄な体型に、丸眼鏡の出でたちの荒井広幸の頭のよさは天下一品だ。早大雄弁会出身で、演説の上手さにも定評がある。福島県議を経て、'93年の総選挙で初当選し、政界入りした。荒井は、俺と同じ清和会（三塚派）に入った。同期には安倍晋三や岸田文雄、高市早苗、塩崎恭久、野田聖子など、自民党の主要メンバーが勢揃い。特に荒井と晋三は、無二の親友というくらい仲が良く、いつも一緒に行動した。

当時の俺は、平沼赳夫や森喜朗ら清和会の幹部たちと、毎晩のように料亭に集まっていた。ど

こで聞きつけたのか、荒井と晋三が2人で座敷にやってくるようになった。俺たちから盃を頂戴して回ると、宴会芸をやった。晋三がダーツを投げるような仕草をすると、荒井がそれを受けるというパントマイムをやって、皆を楽しませてくれた。

新人として、早く先輩たちに受け入れてもらうには、宴会芸で近づくほかないと、荒井が知恵を絞って考えたに違いない。俺たちも、愛《う》い奴らだと思って可愛がった。そんな2人が、困り果てた様子で訪ねてきたことがあった。俺が志帥会を立ち上げ、政調会長になったときのこと。荒井が、悲痛な表情で泣きついてきた。

「安倍さんも私も、森さんに『政務次官のポストを他に譲れ』と言われてしまいました。これでは地元で説明ができません」。聞けば、幹事長の森喜朗から、こう言われたのだという。晋三は清和会のプリンスで、いずれ総裁候補になるのだから、いまは仲間にポストを譲れ。荒井のほうは、派閥のなかでは若いので、順番待ちで、待機組だ……。

「それは困るな。じゃあ、どうしたいんだ?」と聞くと、「政務次官が無理なら、部会長をやりたい」と言う。このポストを経て大臣になるのは通例で、最近では小泉進次郎も厚労部会長を経て、環境大臣になっている。2人の思いを汲んだ俺は、自分の権限で晋三を社会部会長（現在の厚労部会長）にし、荒井を通信部会長（現在の総務部会長）に据えさせた。これも、政調会長の俺に頼めばなんとかなると考えた荒井の機転だったのだろう。

荒井は'03年の総選挙で落選した。時は小泉純一郎政権だ。両親ともに郵便局員の家庭で育った荒井は、郵政民営化反対の急先鋒だった。選挙中にテレビの報道番組に出演した小泉純一郎から、公然と批判されたことが落選に影響したのだった。すぐに電話がきた。

「会長、お世話になりながら落選して申し訳ありません。捲土重来を期して出直します」

こんな有能な議員を埋もれさせてたまるかと思った俺は、荒井に「次の衆議院選まで待つのではなく、来年の参院選に出るんだ」と言った。荒井は「自分の選挙区・福島で、参院選は岩城光英を立てるのは既定路線だから、義理を欠くことはできない」と拒んだ。

だが、俺には考えがあった。毎日テレビに出ていた荒井なら、全国でも知名度があるから、全国区でも戦えると踏んだのだ。荒井は、郵政民営化阻止のため、翌年の参院選に比例全国区で出馬することになった。'04年の参院選が始まると、俺は福島・須賀川市で開かれた荒井の出陣式に駆け付けた。

集まった聴衆は10人にも満たない。衆院選への再挑戦をしなかったことに、支持者が猛反発したようだ。荒井には全国団体の後ろ盾もない。裸一貫で出た荒井を、絶対に落としてはならないと思った俺は、自分の選挙でもしたことがない行動に出た。土下座だ。

「こんな良い男はいません。このまま終わらせてはもったいない。どうか彼を全国区に出させてあげてください」

事前の打ち合わせなど、一切していない。荒井は、俺が土下座をしている傍らで、必死に涙をこらえていた。これが奏功したかどうかは分からないが、県全体で10万票近くの票を得て、全国でも8万票。無事に荒井を当選させることができた。翌年の郵政選挙では、荒井は参議院議員でありながら、俺と行動をともにし、自民党を離党する決断をしてくれた。この恩義は今でも忘れていない。さらに、俺は国民新党結成のために動いたが、ここでテクノクラートぶりを発揮したのも荒井だった。国民新党の友党である新党日本が結党されたのは、彼の戦略のおかげだ。俺ができない根回しは、すべて荒井がやってくれた。その動きは、戦国時代の軍師、黒田官兵衛のようだった。

藤井孝男

あの総裁選で自民党は変わってしまった

新日本製鐵副社長や参議院議員を務めた藤井丙午先生の三男で、まさに良家の坊ちゃん。藤井孝男は、田舎の農家の息子である俺とは対照的な政治家だが、ただの坊ちゃんではない。大学を卒業してアラビア石油に入社し、中東のカタールで石油開発に従事した経験を持つ、骨のある男なのだ。

藤井は'81年に親父さんを継いで参院選に初当選し、'93年に衆議院に鞍替えした。当初は派閥も違ったので接点は少なかったが、俺が敬愛する実践倫理宏正会の前会長、上廣榮治先生の紹介をきっかけに仲良くなって、一緒にゴルフに行ったり酒を飲んだりするようになった。

藤井の生真面目な性格は、ゴルフコースに出るとよくわかった。どんな細かいミスやズルも、

絶対に見逃そうとしないんだ。

真面目ではあったが、俺のことは「広島の山賊」と気安く呼んでいた。当時の自民党には、津和野藩主の末裔である亀井久興さんもいたから、「向こうは殿様で、こっちは山賊。同じ亀井なのにえらい違いだ」と茶化してくる藤井に「ふざけるな！」と怒ったこともあった。俺と藤井は、いつしか冗談を言い合える関係になっていた。

その後、藤井と俺は政界でも行動を共にするようになる。きっかけは、小泉純一郎政権の誕生だ。'03年の自民党総裁選で、「小泉改革の是非」が争点となった。俺は志帥会の領袖としてこの総裁選に立候補することに決めた。総裁選の2ヵ月前に藤井とゴルフをした時、平成研のベテランだった藤井は「誰も出ないなら自分も出馬を考える。まずは派閥をまとめないと」と意欲を示していた。平成研の中でも小泉への不満は高まり、同派重鎮の野中広務は「小泉を倒すことが我々の大義だ」と公言していたほどだ。最終的に藤井の出馬が決まり、平成研の代名詞「鉄の結束」を発揮するものとばかり思っていた。

ところが驚くべきことに、派閥で参議院を牛耳っていた青木幹雄だけでなく、藤井の兄貴分だった村岡兼造まで小泉支持に回った。結果的に平成研は分裂。総裁選の結果は俺が次点、藤井が3位という結果に終わった。僅差なら俺と藤井が組んで決選投票に持ち込む算段だったが、小泉が俺に260票差をつける圧勝だった。以来、俺と藤井は自民党内の「反小泉」の急先鋒となった。郵政民営化法をめぐっては、小泉が衆議院解散の奇策に出た後、俺は離党。藤井は最後の最後で口をつぐみ自民党に残ったが、小泉は無慈悲にもその後の選挙で藤井を公認しなかった。無所属のまま出馬し、藤井は落選の憂き目に遭う。

だが、その次の参院選で彼は復活を果たし、自民党にも復党した。'09年には平沼赳夫らと「たちあがれ日本」を結党した。藤井が出馬して以降、平成研からは総理どころか総裁選の候補を出すことすらできていないが、これは小泉改革の爪痕の深さを物語っている。

今振り返ると、藤井は小泉にもっとも勇敢に立ち向かった政治家と言えるだろう。

浦田勝

元特攻兵の覚悟

'86年、俺は当時の中曽根首相が靖国神社公式参拝を中止したことに反発し、平沼赳夫や村上正邦、桜井新、古賀誠らとともに超党派保守グループ「国家基本問題同志会」を立ち上げた。そのとき幹事長として俺を側で支えてくれたのが、元参議院議員の浦田勝さんだ。

100kg近い巨体を揺らし、肩で風を切って国会を歩く姿は、まさに容貌魁偉、自民党でもひときわ存在感を放っていた。俺よりも一回り年上だが、頭よりも腹で動く人だったから、若い頃の俺とはとてもウマが合った。

政界入りして間もない頃の俺は、間違っていると思えば、たとえ目上であろうと先輩議員であろうと容赦なく物申した。役職も考えず、とにかく暴れまわったが、浦田さんはその良い相棒になってくれた。浦田さんはいわば用心棒みたいな役回りを買ってくれたのだ。2人で党の総務会に乗り込み、声を張り上げることもあった。浦田さんが睨みつけるだけで、威勢のいい総務会の連中も死んだように静まり返ったものだ。

浦田さんは熊本県県議を連続6期務め、熊本県議会のドンとなった。県議時代から地元農協の組合長として農政に携わり、'83年に参議院議員となってからも、労働政務次官を経て、農林水産委員会委員長などの要職を務めた。さらに政界を退いてからは九州一の規模を誇るJA熊本果実連会長や、日本果樹種苗協会会長に就いた。

浦田さんとの出会いは、前述した国家基本問題同志会だ。当時は第2次教科書問題や、中曽根内閣で文部大臣となった藤尾正行さんの韓国併合をめぐる発言が物議をかもし、韓国や中国側の反発に苦慮した中曽根さんが藤尾さんをクビにするなど、日本の根幹を揺るがす問題が立て続けに起きていた。

浦田さんも、藤尾さんの罷免について「藤尾氏は勇気ある政治家だ。日韓関係は年を追うごとに日本が譲歩し、事なかれ主義に陥っている。日本民族の誇りがあるのか」と政府の対応を公然と批判した。単に中曽根さんを叩きたかったわけでも、韓国や中国を挑発したかったわけでもない。国を想う心から、真剣に問題提起をしただけだ。なぜなら俺と浦田さんには、国のために命を懸けた共通の体験があったからだ。

浦田さんは先の大戦で、10代で特攻隊に志願した。そして帝国海軍の特攻兵器「回天」の搭乗員として、骨の髄まで闘魂を叩き込まれた。回天とは、標的に命中することだけを目的とした片道切符の人間魚雷だ。浦田さんは死と隣り合わせの日々を送っていたのだ。

一方、20代で警察に入った俺は、武装した連合赤軍の連中を追いかけて日本中を駆け回り、あさま山荘事件では弾丸の飛び交う中で決死の攻防戦に臨んだ。浦田さんも俺も、国のために命を懸ける体験をしていたから、出会ってすぐに意気投合できたんだと思う。

政治家を志した理由について、浦田さんは「自分は運よく生き残ることができた。これも天命だ。だから、これからは日本国のために命を捧げようと思ったんだ」と言っていた。

こんな光景を目にしたことがある。あるとき、浦田さんの秘書が事務作業を怠けていた。それを知った浦田さんは、近くに飾ってあった日本刀を手に取った。そしてその秘書を目の前に座らせ、刀を振り上げて、ビシッと目の前で寸止めしたんだ。もちろん俺も秘書がヘマをしたときには叱ることもあったが、日本刀を持ち出す浦田さんには驚いた。浦田さんは文字通り、いつも真剣勝負なのだ。全身全霊で政治に臨んでいたということだろう。

常々、こうも語っていた。「日本の再建は農業、農村がしっかりしなければ始まらない。そのために、自分は命を懸けて農業政策に尽力する」。その言葉通り、農政に対する情熱には頭が下がった。古くは「豊葦原の瑞穂の国」と称した日本は、農耕で成り立ってきた国だ。資源の乏しいこの島国で、毎年実るコメや農産物こそが、日本人の命と心を支え、形作ってきた。アメリカの言いなりになるなんて笑止千万だ。

浦田さんは御年96歳になられたが、リハビリしながら地元熊本、ひいては日本の農政を守るため尽力を続けていらっしゃると聞く。日本を取り巻く国際環境が年々厳しくなる中で、後に続く政治家も浦田さんのような使命感を大事にしなければならないと強く思う。

松永 光

自民党で一番マジメな男

謹厳実直という言葉があるが、松永光さんほどこの言葉が似合う政治家は、俺の知る限りで他にいない。元検事・弁護士の松永さんは、人柄から、いつも自民党内の委員会のまとめ役に起用され、文部、通産、大蔵大臣を歴任。衆議院予算委員長まで務めた大物だ。

松永さんとの縁は、俺がまだ埼玉県警捜査二課長をしていた'69年からだ。仕事の後、部下と連れ立って西川口で飲んだくれていた寒い秋の夜、小便をしたくて外に出た俺を、夜道の向こうからジッと見ている美女がいる。聞くと、「松永の家内でございます」と言う。旦那の選挙ポスターを一枚一枚、電柱に貼って歩いていたんだ。その年末の総選挙で松永さんは旧埼玉1区から出馬して初当選を遂げたが、それが内助の功のおかげだったことを、今でも彼は知らないだろう。

松永さんは中曽根派から渡辺派、旧渡辺派を経て、俺が参議院のドン・村上正邦と立ち上げた志帥会に合流した。当時、毎年志帥会で開いていたゴルフコンペでのこと。俺の前の組に松永さん、与謝野馨、島村宜伸がいた。どうも前の組の進みが遅いので、よく見ると、3人ともグリーン上にしゃがみ込み、芝目をじっくり読んでいる。特に松永さんは時間をかけていた。せっかちな俺は頭にきて「早く打て！」と怒鳴ってしまった。与謝野も島村も慎重な男だが、彼はその上をいく。生真面目すぎてこちらが参ったエピソードだ。

一方で松永さんは、そういう几帳面で正義感の強い性格のために、衆議院予算委員長や大臣など要職に数多く起用された。'98年の第2次橋本内閣の時、当時は大蔵官僚による「ノーパンしゃぶしゃぶ」接待が国民的問題になり、マスコミにも大騒ぎされた。腐敗した大蔵省の立て直しに加えて、不良債権問題も抱えていたから、辞任した三塚大蔵大臣の後任が見つからなかった。その中で、橋本首相が白羽の矢を立てたのが、衆院予算委員長だった松永さんだった。まさに火中の栗を拾った松永さんだったが、首相の期待通り、検察OBとして粛々と大蔵省改革・住専問題処理にあたった。

'93年に成立した細川護熙政権に対しては、松永さんは俺と一緒に疑惑追及の先鋒となってくれた。疑惑調査特別委員会の委員長を引き受けてくれた松永さんは表で、俺は裏部隊として調査に専念した。そして俺が摑んだ情報をもとに、予算委員会で徹底的に追及を続け、発足からわずか1年足らずで細川政権は退陣した。これは松永さんがいたからこそできた大仕事だ。

不正にはとことん厳しい松永さんだが、それは真相を解明し、関わった人々にケジメをつけさせるためだけではない。世の中を正しい方向に導きたいという一心からくるものだ。だから彼は、'03年に議員を引退したあと弁護士に戻っている。

島村宣伸

政界でもっとも面倒見の良い男

政治上の盟友とは別に、引退後も友人として付き合っているのが島村宣伸さんだ。お互いの家族同士で食事に行ったり、遊びに行ったりする付き合いをしてきたのは、彼くらいだ。気さくな性格で、うちの女房もその人柄に惚れ込んできた。

学習院大学時代には野球部でピッチャーだった。連続当選12回を誇った代議士・島村一郎を父に持つ、世襲のサラブレッド。父上は当初「政治は世襲ではない」と、政界入りに反対した。だが親子2代で中曽根康弘先生の公設秘書として仕えたこともあり、島村さんの政治家への思いは大きくなっていった。その気持ちの強さに父上も折れ、'76年、島村さんは東京10区から見事当選し、政界入りを果たして中曽根派に入会した。

俺は清和会にいたので、はじめは接点がなかった。出会いは「日本再生会議」という勉強会を

結成した時だ。この勉強会については村上正邦さんや中山太郎さんの項で述べた通りだが、その頃の中曽根派は渡辺派（政科研）となり、弱体化していた。派閥内の揉め事に嫌気がさした島村さんは、渡辺派でありながら俺たちの勉強会に頻繁に顔を出すようになった。

島村さんは俺と同じように保守色が強く、伝統的な価値観を重んじながらも、財政政策や憲法については熟考していくタイプだったから、すぐに意気投合した。島村さんは一言で言えば古武士のような男。何が起きてもまったく動じないし、誰にも媚びたりしない。反面、時の権力に抵抗したり、反逆したりするのは得意ではない。

ところが一度だけ、時の権力に逆らったことがある。小泉内閣での郵政解散のときだ。農林水産大臣を務めていた島村さんは、参議院で郵政民営化関連法案が否決されたのにもかかわらず、強引に衆議院解散をする小泉の考えに強く反対した。同志である郵政造反組に刺客を送ることに納得できなかったのだ。そこで島村さんは驚くべきことに、閣議に入る前に辞表を懐に忍ばせ、進退を懸けて小泉を説得した。現職閣僚が辞表を持参して閣議に出るなど、本来ありえない。結果、頑なに考えを曲げない小泉に対し、ついに彼は辞表を突きだした。島村さんの心意気は、俺たち造反組を奮い立たせるに十分だった。

島村さんは、政局を自分で作っていく男ではない。いつも仕掛けるのは俺だった。だが、枠組みができた後の形をしっかり守ってくれる実直な所が頼りになる。しかも世話好きで、誰に対しても面倒見が良いのは、永田町でも有名だった。仕事でもゴルフでもファッションでも、まるで教え魔のように世話を焼いてくる。世話好き女房のような存在だ。

島村さんの亡くなられた女房でさえ「主人は人が良いんですけど、おせっかいでね」とよく言っていたが、この歳になって世話を焼いてくれる友人がいることは幸せだ。

園田博之

親父譲りの「人たらし」

永田町の策士、人たらしの名人と呼ばれた政治家が園田博之だ。「保守二大勢力の実現」に向けた政界再編の夢を追い続け、自民党から2度の離党・復党を繰り返し、担いだ神輿の補佐役に徹した。いつの間にか相手の心を掴み、時の政権首脳からの信頼も厚かった。

園田の父親は、元首相の福田赳夫の側近で、外務大臣を務めた園田直《すなお》さんだ。俺は若手の時分には直さんにずいぶん可愛がってもらったし、地元の選挙応援にも来てくれたほど世話になったが、直さんも相当な人たらしだった。いや、女たらしと言ったほうがいいか。父親のカバン持ちをしていた頃、旅館に着いて部屋までの廊下を歩く間に、案内役の仲居とどこかへ消えてしまって大変だった、という話を園田からも聞いたことがある。

園田は、直さんの2人目の奥さんの子どもだ。直さんは'49年に、元労働者農民党の国会議員だった松谷天光光との熱愛が発覚し、大恋愛の末に3度目の結婚をした。そのとき園田は生まれ育った熊本県天草から母親の千葉の実家へ移り住み、その後は長男として母妹の面倒を見ながら、政界とは縁のないサラリーマンとして働いていた。ところが'83年に直さんが病で倒れると、父の地盤を引き継ぐことになり、園田は天草に呼び戻された。しばらく親父の秘書として地元を回るも、翌年に直さんが亡くなり、次の総選挙に立候補した。

だが、ここで義母の天光光も直さんの後継になると主張し、立候補したのだ。園田と天光光はともに無所属として出馬し、後援会が分裂するほど凄絶な骨肉の争いを繰り広げたが、結果的に園田が天光光を4万6000票差で下し、初当選した。父親を奪った天光光に対する執念が勝負を分けた選挙だった。

その園田も親父譲りで、たいそう女にモテたんだ。赤坂の芸者が言うには、「園田さんには男の色気がある」らしい。

園田の対人能力には特異なところがあって、自然と取り込まれてしまう人が多い。党をまたいだ水面下交渉も抜群にうまかった。'93年に自民党を離党した園田は、武村正義らと新党さきがけを結成し、非自民連立の細川政権に参加。当時、新生党代表幹事だった小沢一郎と、公明党書記長だった市川雄一が与党代表者会議を牛耳っていたが、その中で園田は新党さきがけと日本新党を代表し、小沢らと対等に渡り合った。自社さ連立政権でも、内閣官房副長官、新党さきがけの代表幹事として、自民党と社会党を繋ぐ調整役を担ってくれた。与党経験のなかった村山さんを陰で支え、自社さ政権の屋台骨となっていたのは、実は園田だった。'10年に結党した、たちあがれ日本でも、首脳陣から絶大な信頼を得た。

園田には野心も自己顕示欲もない。裏で根回しに徹したからだろう。「補佐役こそ天職」と考えた園田は、異色の政治家といえるかもしれない。

松岡利勝

信念ある古き良き「族議員」

「族議員」という言葉は最近めっきり聞かなくなったが、かつて「農水族」として鳴らした政治家が松岡利勝だ。林野庁の役人出身で、農政に強かった。思い出すのは、自民党が下野し細川護熙政権が発足した直後、'93年のいわゆる「ウルグアイ・ラウンド」だ。コメの市場開放を迫られた日本政府は「ミニマム・アクセス」といって、外国米をある程度輸入する妥協案で決着を目指していた。そのときの反対の急先鋒が、まだ当選2回の松岡だった。

松岡は自民党の若手衆院議員有志に呼びかけて「日本の農業を守る特別行動議連」を作り、会長として先頭に立った。松岡らは官邸に押しかけて門前払いをくらうが、3時間ほど粘った末、細川首相との予定外の「会談」にこぎつけた。その後も国会前で48時間の座り込みを実行するな

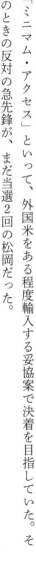

ど、過激な行動で周囲を驚かせた。

彼は俺と同じ清和会にいて、選挙では地元熊本の田舎にも応援に行った。俺も田舎の農家出身だから、似た匂いを感じて慕ってくれたのかもしれない。新しく派閥を作るときも、当然のようについてきてくれたが、松岡は俺に対しても自分の主張を貫く男だった。俺が自民党の政調会長だった'99年、「たばこ増税」を検討したときは、猛抗議をしてきたものだ。

だが、その松岡も抗えなかったのが、小泉純一郎政権の構造改革だ。小泉の郵政民営化に、俺も松岡も当然反対した。しかし、松岡は途中で賛成に転じてしまった。背景には、俺と違って選挙が弱いという松岡の事情もあった。直前の'03年の総選挙では坂本哲志に敗れ、比例復活していた。郵政民営化に反対して公認をもらえなければ、勝ち目がないのは明らかだった。次に当選すれば大臣の椅子が見える状況だったのだから、生き残るには、信条よりも選挙に勝つことがなおさら重要だった。

その後、松岡の秘書が俺にお詫びにきた。俺は「ケ・セラ・セラだよ」と言ったが、続けて「そういうところだよ。自分で電話してくれればいいのに。それができたら、あいつはもっと偉くなれるんだが」とも言った。その不器用さが、結果的に悲劇につながったのかもしれない。

松岡は郵政選挙で当選し、第1次安倍政権で農水大臣として入閣した。だが、事務所費問題などが発覚し、野党からの追及を受け、'07年5月28日に自ら命を絶ってしまったのだ。

松岡の収支報告が間違っていたのは確かだ。しかし、それなら訂正して国民にお詫びすればよかった。何も死ぬことはない。俺は思わず涙が出てきた。

人間は時に、死の引力とでも言うべきものに魅入られてしまうことがある。俺にも経験がある。彼は生前、「私の政治の師は亀井静香だ」と言ってくれていたそうだ。追い詰められたとき、せめて一言でも相談してくれたならと、残念でならない。

田村秀昭

義俠心を知る政治家が、かつていた

昨日の敵は今日の友という言葉がある。永田町でも、個々の利害さえ一致すれば、時を経たあとに意気投合することはよくある。長年、損得だけで動く政治家を山ほど見てきた。そんな中でも、まったく損得抜き、友情だけで付き合えた政治家が、田村秀昭さんだ。

防衛大の1期生で、航空自衛官出身、空将として航空自衛隊幹部学校長も務めていた。'89年の参議院選に自民党から出馬し、国会議員になった。最初は竹下派にいたが、'92年の東京佐川急便事件での派閥分裂をきっかけに小沢一郎や羽田孜らと行動を共にする。翌年には自民党を離党し、新生党の結党に参加した。そこから小沢たちと一緒に新進党、自由党、民主党へと渡り歩いた。俺自身は小沢とは自民党時代、自社さ政権時代と、仲違いした時期もあった。だが田

村さんは、そんなことは意に介さず、ずっと仲が良かった。

派閥も違う田村さんと知り合うきっかけになったのは、帝京大学元総長の冲永荘一さんとの縁だ。大学の先輩で医学部だった冲永さんとは、合気道を通して出会い、親交があった。一方、田村さんも冲永さんと長年親しい関係だ。それで知り合って以来数十年間、しょっちゅう3人で飲み、遊んだ。田村さんの飲みっぷりは凄まじく、豪傑そのものだった。

忘れもしないのは、俺が郵政造反で自民党を飛び出し、綿貫民輔さんと国民新党を作ったときのこと。当初は、すぐに結党できるだろうと考えていたが、いざ動くと誰も乗ってこない。最終的に俺と綿貫さん、造反組の亀井久興と長谷川憲正の4人しか集まらなかった。政党要件を満たすまで1人足らず、あきらめかけた時、冲永さんから連絡がきたのだ。

「亀井さん、田村先生が会いたいと言っている。私も一緒に行くから会ってくれないか」

数時間後、事務所を訪ねて来た田村さんは、単刀直入にこう言った。「亀ちゃん、俺も参加するよ。もう政治家としては最後だ。最後は亀ちゃんと一緒にやりたかったんだ」

涙が出るくらい嬉しかった。そもそも田村さんは自民党ではなく、民主党の議員である。義侠心だけで入ってくれた。このときの言葉は、一生忘れることができない。

田村さんには、欲がまったくない。国民新党結成後は、副代表になってもらったが、その時でさえ、俺には一切物を言わなかった。政治家でもなく、政治活動をする人ではなかったが、俺を応援するために俺の田舎の庄原市に財団法人を作り、高齢者のためにゲートボール場まで作ってくれた。まさに真の男同士の友情で繋がっていたのだ。それは、田村さんと繋がるきっかけになった沖永さんにしても同じだ。

そんな2人の友を立て続けに亡くした。'08年の1月に田村さんが胃がんで亡くなると、同年9月に沖永さんまでこの世を去った。あの時は、さすがの俺もがっくりきた。

与謝野馨

頼まれたら断れない働き者の生涯

永田町の「仕事人」として皆の記憶に残っているのが、与謝野馨だ。俺は彼を「最強のテクノクラート」と評していた。それほど頭の切れる男だった。

与謝野がライフワークとしていたのが「財政健全化」だ。彼は徹底した財政緊縮論者だった。

思い出すのは'97年、橋本内閣での歳出削減だ。彼は官房副長官として、公共事業を大幅に減らすなど、緊縮策作りに奔走した。当然ながら族議員には批判され、各地から突き上げを受けていた。与謝野の選挙区は東京のど真ん中、1区だった。一方、当時の俺は建設大臣で、まさに公共事業の中心にいた。公共事業だって悪いことばかりでなく、景気の底支えになる。安易な予算削減に反対だった俺は反論したが、与謝野は「批判は気にしない」と根回しに邁進し、あっという

間にまとめてしまった。「政策通」と称されることも多いが、「国対族」を自負する与謝野には、強烈な実行力があったのだ。

中曽根康弘さんの秘書から政治家になった与謝野だが、本当の親分は梶山静六さんだった。梶山さんは与謝野をたいそう可愛がって、国対委員長の時には国対副委員長として、官房長官の時には官房副長官として起用するなど、いつも引き上げてきた。梶山静六を太陽とするなら、与謝野馨はその光を受けて輝く月だった。だが'00年、与謝野にとって太陽にも等しい梶山先生が急逝した。太陽がなくなると、月は光を失う。与謝野も、梶山さんがいなくなって意気消沈した。俺や平沼赳夫は「おっ、与謝野廃人だ」と言ってからかったものだが、そんなことを言っていたら直後の選挙で本当に落選したから、気の毒だった。

とにかく与謝野はきっちりした男で、理詰めで政策論を展開した。政治家としては俺と正反対のタイプだから、普段から行動を共にしたわけではない。そんな俺たちの唯一とも言える繋がりが、麻雀だった。平沼などと夜な夜な集まっては、一緒に遊んだ。かの与謝野鉄幹・晶子夫妻の孫である与謝野は、麻雀のほかにも囲碁やパソコン、ゴルフなど数多くの趣味をもち、どれもプロ級の腕前。いわゆる「オタク」気質で、相当な凝り性でもあった。

そんな俺たちも、'05年の郵政解散では立場が分かれた。郵政民営化法案が参院で採決される直前の8月6日、与謝野から説得の電話があったが、俺は取り合わなかった。その後、離党した俺とは対照的に、与謝野は小泉政権の中枢に食い込むようになった。

だが、運命とは不思議だ。俺と与謝野は民主党政権で、再び顔を合わせた。驚くべきことに、首相となった菅直人が「与謝野を一本釣りして入閣させる」と言い出したのだ。

　自民党が下野した'10年4月、与謝野は野党では仕事にならないとばかりに党を離れ、平沼らと新党「たちあがれ日本」を作った。連立政権にいた俺に、その年の11月、菅から「与謝野さんを入閣させたい」という電話があった。俺と与謝野は財政への意見が正反対だから、毛嫌いしていると思い事前連絡してきたようだ。奇しくも、俺と与謝野はその時一緒に麻雀をしていた。「おお、与謝野なら目の前にいるぞ」と言ったら、菅は面食らっていた。

　結局、与謝野は菅の頼みに応じて、たちあがれ日本を離党し無所属議員として内閣府特命担当大臣となった。だが、直前まで「反民主党」を標榜していた与謝野をポンと入閣させたら、顰蹙を買うのは目に見えていた。案の定、俺が危惧した通り、社民党は猛烈に反発し予算案にも協力せず、自民党は与謝野の変節ぶりを攻撃し、踏んだり蹴ったりだった。

　与謝野は民主党政権が崩れる直前の'12年夏に咽頭がんを患い、次の選挙に出ることもなくひっそりと引退した。そして、俺より2歳若いのに、'17年に帰らぬ人となった。

　思うに、与謝野は頼まれると断れない人間だったのだ。だから、中曽根さんが師匠のはずなのに、自分を重用する梶山さんについて行き、仇だったはずの民主党にも請われれば入閣した。敵味方に囚われず活躍の場を探し続ける姿は、まさに稀代の「仕事人」だった。

白川勝彦

自社さ政権誕生の立て役者

'94年春、細川連立政権が倒れ、羽田孜政権が誕生する。羽田の首班指名の直後、民社党委員長の大内啓伍によって、衆院の院内会派「改新」の結成が発表された。新生党の小沢一郎や公明党の市川雄一、民社党の米沢隆らが、与党第一党・社会党の影響力低下を狙ったものだった。これに反発した社会党が連立から離脱。羽田は必死に復帰させようと試みたが協議は決裂し、最終的に予算成立後に内閣総辞職するはめになった。

小沢が羽田の後継として目をつけていたのが、自民党の海部俊樹だ。この頃の小沢は、まさに乱世の仕掛け人だった。宮澤政権のとき、小選挙区制を推進する政治改革を主張し、小沢は私兵とともに自民党を集団離党した。野党が出した宮澤不信任案にも賛成し、その後の解散総選挙では自民党が大敗したため、非自民の細川政権誕生のきっかけをつくった。

ここにいたって、小沢が自民党の海部に声をかけたのは、政権中枢の座に居座り続ける目論見だったのだろう。久保亘ら社会党右派も、もう一度小沢と組み、連立与党に戻って権力の座を握りたいと考えていた。一方の俺は、社会党左派の野坂浩賢さんと、自社連携による政権奪還を目

指し動いていた。しかし政策も方向性も相違う自民党と社会党が手を結ぶのは、容易ではなかった。久保亘らは小沢の子分だ。かといって、少数派だった社会党左派の連中のなかには、右派として知られる俺と手を結ぶことに反発する者もいた。

このとき大活躍してくれたのが白川勝彦だった。白川は弁護士出身で、自民党のリベラル系派閥・宏池会に籍を置いていた。清和会系の俺とは違う路線ではあったが、派閥を超えて仲が良かった男だ。俺と似て、騒ぎを起こすのが好きな「騒動師」だった。

元弁護士で思想的にはやや左派だった白川は、社会党左派の伊東秀子らとも親交があった。伊東秀子は、東京佐川急便事件が起こったとき、小沢一郎との関係を追及し一躍有名になり、「北海道のジャンヌ・ダルク」という異名を持つ社会党左派のスターだった。

俺は、白川であれば、伊東をはじめとした社会党左派をうまく抑えてくれるに違いないと思った。急いでキャピトル東急ホテルの部屋を借りて、常駐させた。まずはそこに伊東以下、社会党左派の若い衆を集めて勉強会をやらせ、協議させることにしたのだ。

当時の社会党では、左派は村山富市さん、野坂浩賢さんら21名と、ごく少数。なかでも、伊東たち14名は反小沢。絶対に小沢の軍門に下りたくないと反発していた。連日、ホテルの部屋では白川が社会党左派と協議をし「小沢はけしからん」とガンガンやった。数日後、白川が俺に電話をくれて、「小沢さんの風下に立つくらいなら、社会党を割って新党を作ることになりました」と言う。白川が、伊東たちに離脱を覚悟させたのだ。こうも言う。「左派が新党結成となれば、俺も行きがかり上、自民党を出て加わらなければいけないです」

俺はすぐに自民党幹事長・森喜朗に電話をし、白川が新党に移ることの同意を得た。社会党左派の連中が俺たちと手を結ぶといっても、政策が水と油みたいなものだから、ここからが往生した。俺はまず、竹下登先生のブレーンで、銀座で画廊をやっていた福本邦雄さんに朝日新聞論説主幹だった中馬清福さんを紹介してもらい、中馬さんから他の社会党左派の連中を説得してもらった。「今はやはり小沢一郎を倒すことが政治課題だ」と。

一方、主流派の右派で小沢の子分たちをどう抑え込むかが難題で、これには野坂さんも悩んでいた。野坂さんにしても、首班指名で自民党の候補を担ぐわけにはいかない。そういう時、俺は誰も思い付かないことを考える。社会党の村山委員長を担げばいい――。森も「それしかねぇな」とつぶやき、「俺から（自民党総裁の）河野洋平に言っておくよ」と答えた。この瞬間、内々に村山首班が決まった。

こちらが社会党の委員長を首班に担いだ以上、いくら社会党右派の連中が小沢の子分であっても、小沢とともに海部を担ぐわけにはいかなくなる。野坂さんが死に物狂いで努力して、最後には左派が多数派の右派を抑えきった。

政治は政策ではなく、まずは大多数派を得ることから始まる。白川の奮闘がなければ、社会党との連携は決してうまくいかなかったし、自社さ政権の樹立は幻に終わっていた。

小林興起

「上から目線」をやめて、戻ってこい

小林興起は、通産省の官僚出身だ。農林大臣だった中川一郎さんと出会って政治家を志した。福田派に所属しながら中川派の会合に出ていた俺は、たまたま、自分とどこか風貌が似ている男がいるな、と思って小林を認識した。小林は、選挙に出馬しようと模索していた。どの選挙区から出るのかと問うと、東京5区（練馬）から出たいが、バックグラウンドが何もないとも言う。中川さんには俺も選挙で世話になっていた。練馬にも縁がある。広島の高校を自主退学後、東大に通っていた兄を頼って上京し、練馬区にある都立大泉高校に通っていたのだ。俺は「選挙に出るなら、大泉高校出身者を紹介してやる」と言い、力を貸すことにした。風貌はもちろん、どことなくやんちゃなところも気にいった。

お膳立てをしてやれば、あとは親分の中川さんがなんとかするだろうと見ていたが、中川さんは'82年の総裁選出馬の後、悲運の自死を遂げる。なんとか小林を国会議員にするため、俺は応援に動きまわった。しかし、当時の小林は泡沫候補扱いで勝ち目もない。中川派も解体され、応援に行ったのは俺と石原慎太郎くらいだった。苦戦は続き、'83年、'86年と総選挙に連続で落選。俺

と石原の徹底応援で、'90年にやっと初当選し、晴れて国会議員になった。中川さんへの義理は果たせた思いで、俺も込み上げる気持ちがあった。

永田町に来てからは、俺のいる清和会に属し、ひたすら雑巾掛けをした。若手ながら政策能力は長けていたし、いずれ自民党を背負う人間だと思ったから、労働省の政務次官のポストにも就けた。小林の長所は忠誠心の高さだ。恩義を感じた相手にはとことん付いていく。俺が三塚派(清和会)から出るときも行動を共にしてくれたし、郵政民営化への造反でも一緒に造反組として戦ってくれた。

俺が志帥会(村上・亀井派)にいた'01年の総裁選のこと。小林が俺のところに駆け込んできて、「亀井先生に、総裁選に出馬していただきたい」と言う。「派閥の会合で、亀井先生の狼煙を上げます」と並々ならぬ雰囲気だ。金もないくせにキャピトル東急ホテルの一室を借り、秘密の会議室を設営して、若手を集めた。ありがたかった。政調会長をやった身として、いつか総裁選には出ないといけないと思っていた俺は、背中を押された気持ちで、総裁選に打って出ることにした。

出た候補は、俺と小泉に加え、橋本龍太郎と麻生太郎。第1回投票では小泉と橋龍に票が行き、俺はその下だった。小林がすぐに飛んできて、「全日空ホテルで、亀井先生と小泉の会談をセットしました」と言う。決選投票になればまずいと案じたのだろう。安倍晋三に連絡を取り、亀井・小泉会談をセットしてくれたのだ。

何度か述べてきた、俺と小泉との政策協定はこの会談で結ばれた。ところが小泉はこの協定を反故にしたわけだ。それはさておき、総裁選で忠誠を尽くしてくれた小林への感謝の思いは忘れない。ただ、その小林に対し、俺が一度だけ判断を誤ったことがある。

俺が国民新党を作ったときのことだ。荒井広幸が「綿貫（民輔）さんや亀井先生では都会では戦えないので、無党派層のための第二新党を作らせてください」と言ってきて、新党日本を立ち上げた。そのとき一緒に来たのが小林で、当時長野県知事の田中康夫を党首に担いだ。残念ながら小林は、その時の総選挙で刺客の小池百合子に敗れて落選。小林は、すぐに国民新党に合流したいと言ってきたが、「田舎新党」と馬鹿にされ、第二新党を作られた綿貫さんは、小林の入党にすぐには応じなかった。都会の無党派層を捕まえるためなら小林の考えも間違ってはいないが、綿貫さんの気持ちは理解できる。

政局に「ｉｆ」はない。だが、もし俺が第二新党を了承しておらず、小林を国民新党に据え置けば、たとえ郵政選挙で敗れても次の参院選全国区で都心の郵政票を得て、当選させることができたかもしれない。今となってはそう思う。その後小林は、小沢一郎から誘われ、民主党から比例で出馬。一度は当選して政界に復帰したが、その後は落選続きだ。

理由はなんとなくわかる。優秀で能力は抜群だが、自分が一番優秀で偉いと思いこんでいるのだ。「上から目線」の唯我独尊では、選挙民が反発して票が集まらない。政界復帰のため、小林は今も頑張っていることを知っている。まずは、謙虚になることだ。

谷津義男

「情」と「理」を知る政治家

小渕恵三内閣の人事で、俺は'99年に自民党政調会長の座に就いた。その時、政調会長代理として支えてくれたのが谷津義男だ。強面だが、義理を誰より重んじる。忠実で正義感が強い。まさに俺の右腕にうってつけの男だと思い、抜擢したんだ。

谷津とは国会議員になってすぐ、俺が清和会にいた時からの付き合いだ。物言いがストレートな奴だから時には衝突することもあった。気性の激しい上州人で、目上であろうが堂々と意見をぶつけてくる。上州の政治家といえば、福田赳夫さんや中曽根康弘さん、小渕さんなど猛者揃いだが、その中で揉まれてきただけのことはある。

政調会長をやっていた頃の俺は、とにかく自分のやり方を貫いた。官僚の案を素通りさせるだけの役職なんて必要ないから、ダメだと思ったら遠慮なく差し戻した。新幹線や羽田空港の滑走路に俺は独断で予算を付けた。今で言う「政治主導」だ。予算編成権限に手を突っ込む政治家は、前代未聞だった。

大蔵官僚は官邸に行って、なんとかしてほしいと小渕さんに懇願したらしいが、「それは亀ち

ゃんに言ってくれ」と門前払いを食らうだけ。当時の政調会長は、それほど大きな権限を握っていた。大蔵省でさえ何も言えないのだから、他の省庁となれば尚更だ。

自民党主導で予算を組むことになったはいいものの、財源不足が悩みの種だった。気晴らしにゴルフへ出かけても、予算のことが頭を離れない。だが俺はプレー中に、無駄な公共事業予算を削る方策を思いついた。財源になるし、地方にも金が回る。すぐにゴルフ場から政調会長代理の谷津に電話し、「現在計画中の公共事業を全て止めさせろ。新規も駄目だ。不急の事業は一切凍結しろ」と指示した。谷津は大声を出して「えっ！　そんなことができるんですか」と驚いていたが、俺は「例外は一切なしだぞ」と釘を刺した。

まずは党内に「公共事業抜本見直し検討会」を設けて、座長に谷津を就けた。無駄な公共事業を谷津に洗い出させ、検討委員会にかける。それから俺が必要性を吟味した。

谷津の働きぶりには随分と助けられた。俺のアイデアを具体的な形にまとめる能力に長けていたからだ。例えば、俺がある事業をなくすとどうなるか聞けば、捻出できる予算額をすぐに報告してくる。浮いた予算を光ファイバー整備など、当時生まれたばかりの情報・ＩＴ分野に振り向けたのも谷津だった。

谷津ほど頼りになる右腕がいても、公共事業の見直しは並大抵の仕事ではなかった。一番手を焼いたのは、島根と鳥取の県境にある湖、中海の干拓事業だ。水門を閉めて農地にする予定で、干拓工事は9割9分まで進んでいたが、俺が谷津や役人を呼んでストップさせた。すると、地元議員らが怒り心頭で怒鳴り込んできた。検討委員会のメンバーからも凄まじい反発を食らった。

しかし俺は政調会長権限でその一切を無視した。

俺と谷津は地元の猛反発を予想し、すでに先手を打っていた。それが、先にも述べた、予算カットに関する業務を必ず夜8時以降にやるようにしたことだ。夜中まで党本部で必死になって働けば、奴らも俺たちの気迫に呑まれて全面降伏するだろうと考えた。

谷津が抵抗に屈せず、寝る暇も惜しんで作業したおかげで、最終的に200を超える事業を中止・凍結し、2兆8000億円もの財源を生み出すことができた。

実は、凍結した事業の中には、谷津の地元にある群馬の八ッ場ダム事業もあった。当時すでに建設省が1500億円を費やしていたから、谷津も事業継続を懇願されていたらしいが、彼は自分の地盤だけ例外にして保身を図るような男ではなかった。俺が見込んだ通りだった。谷津のおかげで、政権の窮地を切り抜けられたのは、一度や二度ではない。

谷津は俺と意見が違うと思えば、「オヤジさん、そんなこと言うけどな」と直言するが、いつも最後は「オヤジさんが言うんなら、敵わないな」と折れてくれた。腹蔵がないから、言い合いが終われば一緒に酒を飲み、どんちゃん騒ぎですぐ水に流せる。まさに国定忠治を彷彿させる、気持ちよくて信頼のおける政治家だった。

'21年6月、谷津が故郷の館林で亡くなったとの報せが飛び込んできた。あいつの笑い声は今も耳に残っている。ありがとな、谷津。

第四章

自民党と対峙する21人

仙谷由人

義理人情の「ヤクザ」な官房長官

80歳を過ぎて、同世代の知人や友人が次々と死んでいくようになった。俺はまだまだ死にそうにないぶん、寂しさだけが募っていく。かつての盟友・仙谷由人も、'18年10月、肺がんで亡くなった。民主党政権時代に官房長官を務めたこの友は、享年72。俺より10歳近くも若いのに、先に逝ってしまった。一番関係が濃かったのは、もちろん民主党と国民新党が連立政権を組んでいた時だが、彼が社会党時代からの古い付き合いだった。

仙谷は全共闘出身だが、俺と気が合い、一緒に飲んだ。座敷の好きな男だった。仙谷は、一言で言えば、「ヤクザ」。義理人情を重んじ、人間関係を大事にする。古風な男なのだ。

国民新党の代表として、俺の連立先のカウンターパートは官房長官だった。何でもかんでも総理大臣というわけにはいかないからだ。最初は平野博文、そして仙谷だった。国民新党には綿貫民輔さんもいたが、立ち位置はかなり右だったから、左の連中との接点は俺のほうが都合がよかった。社会党出身の仙谷には左の印象が強いだろうが、俺のほうも「自民党の仮面を被った共産党」と言われていたくらいで、お互い、共感を覚えたのだろう。

官房長官としての仙谷は非常にできる男で、切れ味がよかった。菅直人内閣のときだったが、政権はみるみる傾いていっていた。その責を仙谷に向ける人もいようが、俺に言わせれば仙谷で傾いたのではなく、彼だからなんとか持っていた。

そんな仙谷と俺が政治的に対立したのは、彼が消費税増税を担ぎ出してきたからだ。民主党は「消費税増税の論議はしない」という公約を掲げたにもかかわらず、やっぱり引き上げると言い出した。俺はもうこの政権にはいられないと、'12年、国民新党の連立を維持したまま、代表である俺が国民新党から離脱し、政権から去った。消費税増税に関して、当初反対だったはずの仙谷が賛成にまわったのは、財務省に感化され、引きずられたからだ。財務省は政治家を乗せるのが極めてうまく、操縦術に長けている。完全に拒絶しない限り、彼らに振り回されてしまうのだ。仙谷も御多分に洩れず、財務省に操られてしまった。

政権を去った後も、俺は仙谷とはお互いの立場を理解し合いながら、付き合いを続けた。言葉は悪いが、適当に友達として付き合える仲だったのだ。だが総選挙で彼は敗れ、政界を引退した。それからは、残念ながら交流が少なくなった。

野武士のような仙谷は叩き上げの政治家だったこともあり、共感できる部分も多かった。もっとも俺は、彼ほどガラは悪くないと思っているが。若手の面倒もよく見て、前原（誠司）グループの後見人的存在だった。その様子は、こう言っては悪いが、雑魚連中をまとめている感じだったが、民主党にはそうした面倒見のよい政治家がほとんどいなかったのだ。

野坂浩賢

「この男と地獄まで行く」と覚悟を決めた

野坂浩賢とは、俺が警察官僚時代、鳥取県警に警務部長で行った時からの付き合いだった。野坂は、鳥取の県会議員だったのだ。若くして社会党の地方組織をまとめ、自衛隊美保基地反対闘争を指導するなど、凄まじい迫力を持った男だった。

会った時から意気投合して、政治的立場を超えて盟友となった。俺と野坂の2人で作ったといっても過言ではない村山富市政権では、野坂は内閣官房長官を務めた。いわゆる55年体制のもと、社会党は万年野党。永遠に政権側に立つことはないと思われていた。だが’93年に小沢一郎らが自民党を離党し、日本新党の細川護熙を首班とする非自民8党派連立政権が作られる。そこに加わった社会党は、ついに政権入りしたのだった。

細川政権の真っ只中だった’93年の暮れ、小料理屋で一杯やっているとき俺はこう訊いた。

「野坂さんよ。今後政権が倒れた後、新しい政権構想ができるときには俺と組むかい？」

野坂は「おお、いいよいいよ。組むよ」と応じた。支持率70％の細川政権が倒れるとは、その時点で誰も思わなかったが、佐川急便事件や国民福祉税構想などで批判を浴びた。

世間では、いわばオウンゴールのような形で細川政権が崩壊したと思われたが、実際の崩壊の理由は他にある。俺が森に承諾を得て、党のカネも使い「亀井機関」を作り、細川のスキャンダル探しを始めると、ほどなくして細川の抜き差しならない情報を摑んだのだった。俺は、これで政権を潰せると確信した。敵の新生党に移籍していた小沢一郎の側近・熊谷弘はそれに気づいたが、俺は武士の情けでそのスキャンダルの内容について、一切語っていない。

こうして羽田孜政権へと移行したが、これはできた時から死に体だった。そして間も無く、俺が野坂と約束した連立政権、村山内閣による自社さ政権が誕生する。

自民党と社会党が組むというウルトラCは、自民党内をまとめるのも大変だったが、社会党も大変だった。自民党の白川勝彦を通して社会党の伊東秀子と交渉し、社会党をまとめたのは述べた通りだ（「白川勝彦」の項を参照）。

自社さ政権での政策決定は、小渕恵三さんも森もみんな俺に任せた。結果、俺に権力が集中したわけだ。大きな流れとしては俺と野坂浩賢が合意すればそれが政策になった。自民党内に異論を放つような度胸ある人はいなかった。お互いに下からの目線で政治をしていたから、村山内閣は「国民を守る」という本来のあるべき政治を体現していたと思っている。

野坂と俺の間に政策協議とかそんなのは一切ない。人間関係だけだ。「この男と地獄まで行く」と覚悟できる相手かどうかだ。今でも山陰のほうに行くと、野坂の墓前に必ず参ることにしている。

玉木雄一郎

総理大臣候補になるためには……

国民民主党代表の玉木雄一郎は、まだまだ若いが、間違いなく将来の日本を担っていく政治家だと思う。今はキラキラする経歴が邪魔している。東大法学部卒、大蔵省入省、そしてハーバード大学に留学。完璧すぎるのだ。俺も東大を出て警察官僚をやっていたが、俺と玉木では全然違う。顔にしたって、俺と違ってイケメンだ。だが綺麗すぎるのは、政治家としては損だ。苦労すればだんだん泥臭さは出てくるはずだ。

そうはいっても、玉木にはすでにオーラがある。「権力をもぎ取るぞ」という意欲がある奴から、隠していても勝手に出てくるのがオーラの正体だ。

玉木が初当選したのは、'09年の民主党政権誕生時。民主党議員の連中から「能力のある若手」として玉木の名前は聞こえてきていた。本格的に付き合うようになったのは、玉木が3期目になってからだ。'17年の2月、俺は超党派で「日本の明日を考える議員連盟」を設立した。この議連の通称は「防波堤の会」。その前年、アメリカ大統領選挙でトランプが勝利し、年が明けて就任するや否や、日本に対しても厳しい要求をしてくる構えをみせていた。トランプはＴＰＰ（環太平洋パートナーシップ協定）からの離脱を表明したが、日本に対し二国間協定を迫り、TPP以上の要求をする目的だったのは明らかだった。

トランプが起こしてくる「津波」に対してどう対応するか。官邸や自民党だけではダメだ。与野党問わず決起しなければならないと思った。そこで作ったのが「防波堤の会」だった。玉木は積極的に参加してくれた。

この話には前段がある。俺は大統領選の時点で、もしトランプが当選したら大変な脅威になると感じていたので、大統領選の最終盤にニューヨークへ飛び、トランプと面会して「あまり日本を舐めるなよ」と言ってやろうと思っていたのだ。そのとき、俺が連れて行く予定だったのが、石原慎太郎と玉木だった。

玉木は選挙が強すぎるくらい強い。そして今、若いながらも国民民主党の代表として頑張っている。小沢一郎と玉木と3人で飯を食ったときのこと。俺は、小沢には「あんたは弁慶だ」、玉木には「お前は義経じゃなくて、頼朝をやれ」と言った。2人はそれぞれが「そうする」と俺の前で応じた。

玉木に言いたいのは、机上の勉強じゃダメだということだ。政局で揉まれ、修羅場をくぐる。批判され、めちゃくちゃにマスコミに書かれないとダメだ。

そのためにも、政局を仕掛けていかないといけない。例えば、首班指名で国民民主党が全員「石破茂」に投じたら、嫌でも政局は動く。常識や理屈では考えられないようなことも仕掛けていかなければ権力は握れない。乗り越えれば、玉木は本物の政治家になる。

志位和夫

本気になれば、日本を変えられる

志位和夫とは、実に柔軟な男だ。良いものは良いとし、悪いものは悪いという是々非々の姿勢を持っている。昔の共産党は、マルクス・レーニン主義で社会変革を目指すという立場だったが、彼にはそういう考えはない。建設的な現実主義者そのものだ。

だが原理原則がなく柔軟で、何でもありとなると、そういう男は怖い。悪魔とさえ手を握ることもできるからだ。俺はこれまで志位とは何度も会い、天皇制や日米安保、北東アジア問題、野党共闘、内政と、幅広いテーマで議論をしてきた。天皇観を巡っては真逆の考えの持ち主だが、他の部分では共通する部分も多い。一部の人たちが富を独占する新自由主義は駄目であるとか、増税反対の考えにも俺は共鳴している。

では、なぜ今の共産党が国民から支持を受けないのか。共産党は「努力をしているポーズをとっているだけ」だからだ。志位にこう言ったことがある。

「お前らは、市民に溶け込むために、お祭りに参加したりしていないだろう」

志位は「参加してますよ」と答えたが、彼らは地方のお祭りに出たところで、他の政治家のように、挨拶には立たない。「共産党は、簡単に言えば地方の社会では変わり者と思われているんだ。溶け込むには、挨拶をしないと」。俺がこう言うと、彼は参ったなという顔をしていた。

憲法にしてもそうである。彼らは「憲法を遵守する」と盛んに言うものの、以前は天皇陛下が国会行事に臨席されるときも、国会に共産党の議員は出てこなかった。俺は言った。

「お前らは憲法を守るという立場を取っているのに、陛下ご臨席の際に出席しないのはインチキじゃないか。こんなことやっているかぎり、いくら努力しても駄目だ」

志位は「わかりました」と言って、俺がハワイで休養中、「次の通常国会の開会式には出ますから」と電話をしてきたことがある。マルクスは「宗教は阿片である」と言ったが、このあたりも日本人一般の感覚とは相容れないものがある（共産党は「信教の自由は守る」と主張しているが）。俺が「正月の初詣は日本人の風習だ。それができない共産党員は日本人じゃないよ」と言うと、「そう言われればそうですね。自宅は成田山に近いから、お参りしますよ」と志位は答えた。本当にお参りしたかどうかは、確認してないから分からないが……。

やはり、ポーズだけでは見透かされてしまう。心からやらないと、いつまで経っても国民から支持されない。本来、俺と同じように弱者救済の姿勢を持っているのに、日本の土俗の思想と縁が薄い。土俗の思想とは先祖を敬うことだ。だが、現実的で柔軟な考えを持つ志位なら、今の共産党のイメージを払拭して、大きく変えることができるだろう。それができれば支持層も広がり、政権を握れる政党になれる可能性も出てくる。

彼らの政策には良いものがあるからだ。日米安保については、俺と同じ考えだった。一方的にアメリカに守ってもらうポチ状態ではなく、対等な関係を築くべきだと考えている。日米安保条約を破棄し、自衛力を増強して自国防衛すべきだ。彼自身も反米主義でないし、アメリカの独立宣言からスタートした民主主義の歴史や伝統に対して深い敬意を持っている。一方で、あくまでも自国は自国で守るという考えを貫いている。北東アジア問題にしても、中国が東シナ海を制覇して海底ガス田も押さえている現状に対し、俺は南北朝鮮と協力して中国の習近平と対峙すれば良いと考えている。その点も彼は反対しなかった。

内政でも、弱肉強食社会の根源にある市場原理主義・新自由主義政策を止めるべきだと主張するし、国民に負担となる消費増税も止めるべきだという考えで一致している。

政治とは、やるか、やられるかだ。戦わないと強くなれない。弱いもの同士がお互いの傷をなめ合っていては駄目だ。猛烈な気迫と行動が必要だし、そういう奴が政権を取らないと意味がない。武力闘争をして命まで取るかもしれない、そう相手から思われたら、共産党も怖い存在になる。だが残念ながら今は、それがまったくない。そういう政党は権力として扱いやすいだけの存在になる。志位は、権力を握らないといけないと考えているのだから、本気で野党共闘に臨んでもらいたい。共産党だけではなく、野党トータルとしての共闘を実現してほしい。彼にはそれだけの器と力量が備わっている。

石井一

野党で数少ない「筋」を通す男

石井一さんは気骨あふれる政治家だ。皆親しみを込めて「ピンさん」と呼んでいる。すでにご高齢だが、見た目からして凄みがある。最近はこんな迫力のある政治家がいない。

地元は港町の神戸だ。凄みの裏にどこか爽やかさがあるピンさんは、「瀬戸内の海賊」の類いだろう。俺は同じ賊でも、広島の山に住む山賊といったところだ。

ピンさんは音楽一家の出だ。戦前、兵庫の西宮で創業されたレコード会社・タイヘイレコードを、戦後になってピンさんの親父さん、廣治さんが買い取った。'50年代には当時最先端のジャズ・レコードをアメリカから輸入して一世を風靡したから、ピンさんもジャズにのめりこみ、政治の道に入ってからも、ジャズマンとして永田町で知られている。

スタンフォード大留学から帰ってきたピンさんは、'67年、32歳で衆議院総選挙に初出馬したが、落選。しばらく田中角栄さんの秘書をしていた。次の選挙で当選すると田中派に直行したから、角栄直系の政治家だ。俺は反主流派の福田派にいたので、自民党時代には彼とほとんど接点がなかった。ピンさんは'93年、政治改革を主張して宮澤喜一内閣の不信任案に賛成、小沢一郎、羽田孜らとともに自民党を割って出ていった。

小沢たちと作った新生党で、野党連立による細川護熙政権を成立させたピンさんは、次の羽田内閣では自治大臣と国家公安委員長を兼務。自民党下野のキーパーソンだったが、俺にとっては因縁の政治家でもある。俺は野中広務とともに、徹底的な与党追及をやった。目をつけたのは、細川内閣で初めて連立与党入りした公明党だ。予算委員会で創価学会に対する奇策を用いるなどして、国会で真正面から公明党を批判したのだ。

だがその後、俺以上に公明党と激しくやりあったのがピンさんだ。'07年、民主党の参議院議員となっていたピンさんは、「公明党議員が、池田名誉会長に献金している」という「P献金疑惑」を指摘、池田名誉会長の国会招致を求めたのだ。俺も呼応し、民主党代表代行の菅直人とともに、政教分離問題を再び徹底追及した。当時は「ねじれ国会」で、国会でも主役は参議院だったから、この一連の追及が麻生太郎政権を追い込む一因になったのだ。

そして、'09年に民主・社民・国民新党連立政権が誕生すると、俺は閣僚として、ピンさんは参議院の幹部として政権を支えた。しかし、国民新党が連立政権に入るにあたって合意していた郵政改革法案は、翌'10年に衆議院こそ通ったものの、成立には参議院の会期が足りなくなった。ふつうは会期を延長して通すのが筋だが、民主党は発足したばかりの菅直人政権の支持率が高いことを恃《たの》んで国会を閉じ、早く参院選をやりたいと言い出した。

約束を簡単に反故にする民主党に、俺は唖然とさせられた。政権離脱も考えたが、そんな時、ピンさんだけは「国民新党と民主党は公に合意したんだ。批判があってもやり抜くべきだ」と言った。民主党には数少ない、筋を通す政治家だった。

案の定、その夏の参院選で民主党は惨敗を喫し、郵政改革法案どころか、ほかの法案も通らない状況になった。俺とピンさんは、自民党参議院のドンだった村上正邦さんと連携し、自民党からの引き抜き工作を画策した。政務三役のポストを餌に一本釣りする作戦だ。

首相の菅もこの方針を了承していたが、党内から批判が出て怖気付く。大胆な内閣改造も、自民党からの引き抜きもできなかった菅政権は、崩壊寸前になった。そんなとき、ピンさんは菅にこう言ってくれた。

「あなたはどうせもう辞めるのだから、最後に誰と一緒にやるのかよく考えたほうがいい。亀井静香しかいないでしょう」

’95年の阪神・淡路大震災で地元が被災した経験から、ピンさんは災害への備えにも一家言ある政治家だ。’05年には、危機管理都市推進議員連盟という超党派議連を設立し、俺も誘われて副会長になった。そこで、大地震やテロなどで東京の首都機能がマヒする事態に備えて、関西に副首都を作ろうという構想を一緒にぶち上げた。’11年の東日本大震災後もピンさんは副首都構想を熱心に説いているが、10年が経った今、耳を貸す政治家は少ない。

ピンさんはただ怖い政治家というだけではない。気持ちのいい人だ。他人を騙したり、引っ掛けたりするようなことをする政治家ではない。永田町の大抵の人間とは、種類が違う。だから俺は紆余曲折あっても、今でもピンさんを慕っているのだ。

大塚耕平

四面楚歌の俺を支えてくれた

総選挙で民主党が圧勝し、俺の率いる国民新党、そして社民党を含めた3党連立の鳩山由紀夫政権が誕生した直後、郵政改革・金融担当大臣に就任した俺は、世間が飛び上がる政策をぶち上げた。モラトリアム法案（中小企業金融円滑化法案）だ。中小零細企業や住宅ローン利用者の借金の返済猶予を銀行に促す法案を作るよう提唱したのだ。

誰にも相談せずにぶち上げたから、鳩山（総理）が慌てふためいたのは当然だが、自民党や公明党、それに金融庁も腰を抜かした。大反対の嵐で、理解を示す者は誰ひとりいなかった。四面楚歌のなか、唯一法案の意義を理解してくれたのが、金融担当副大臣の大塚耕平だった。

日銀出身で金融財政政策に長けており、頭脳明晰で理解力もある。彼ならやってくれると思い、法案の骨子から中身の作成まで、すべてを任せることにした。俺のほうは、彼が法案作成に集中できるように、委員会の答弁など外との対応の矢面に立つと決めた。

実を言うと、俺がこの法案を作ろうと考えたのは、ある個人的な出来事がきっかけだった。'08年のリーマンショックが発端で世界金融危機が起こり、日本の中小零細企業も軒並み資金繰りに困り、大きな不安を抱えていた頃のこと。金融機関は「貸し渋り」「貸し剝がし」に徹していた。長年俺を支援し続けてくれた、ある中小企業経営者が、返済を迫るばかりの銀行に追われ、悲鳴をあげていた。彼からの依頼で、俺は直接銀行に掛け合ったが、全く相手にされない。数日後、この知人は俺宛に遺書を残して自殺した。それだけではなく、負債を背負いきれないと苦悩した専務まで後追い自殺してしまったのだ。俺は葬儀で、真っ当な経営者が非業の死を選ばないよう制度改革を進めなければ、と誓った。

俺は、まず金融庁の職員らに発破をかけた。「これからは、銀行が借り手企業のコンサルタントとして社会的役割を果たしているかどうか、借り手のためにチェックするんだ。不況下での銀行優遇は誤りである！　これは正義だ」と。役人たちも、本当は良い仕事がしたい。正義感を持たせればやる気が起きると考えたのだ。借り手側に配慮するという金融マニュアルも作り、金融庁は今もそれを受け継いでくれている。

新聞は連日俺を叩き続け、大臣の執務室にも全銀協の会長や各銀行の頭取までが十数人で駆け込んできて「貸したカネを返してもらうのは当たり前じゃないか」と迫った。俺はこう言って、彼らを追い返してやった。「カネ貸しは貸したカネに利息を付けて返してもらってこそ、商売が成り立つんじゃないか！　返せなくなったら、それを押さえて競売にかけて回収しようとしたらお前たちは儲からない。借り手を潰したら返ってこないじゃないか！　彼らがやがて利息とともに返すから、お前たちは商売が成り立つ。企業が成長すれば、借りたカネは返せるんだから貸し渋りはするな！」

財務金融委員会では、自公から散々責められたが、ここでも俺には黙らせる自信があった。実は、俺は法律の原案は一度も見ていなかった。大塚が原案を作って持ってきたが、中身を見なかったのだ。国会対応のために役人には答弁書も作らせなかったし、野党の想定問答の質問も取りに行かせなかった。法案の中身を見なくても、すべて俺の頭の中ではまとまっていたから、どんな質問が来ようと構わなかったのだ。

そうやって俺が全責任を持って発言をしていたから、副大臣の大塚も役人たちも、安心して良い仕事をしてくれた。親分が全責任を持つという姿勢を示せれば、信頼関係が強くなるのだ。大塚は、役人たちと毎晩徹夜で法案作りに徹してくれた。

モラトリアム法案は無事完成し、'09年11月には可決成立、翌月に施行された。年末で会社の資金繰りの厳しい時期に施行できたことは大きかった。俺の信条を理解し、片腕となって多大な尽力をしてくれた大塚には今でも感謝している。彼なくしては法案成立までこぎつけなかった。俺の部下として来てくれたのは、まさに天の配剤だった。これからも大塚には弱者に寄り添った政策を作ってもらい、日本の政界を引っ張っていってほしい。

菅直人

緊急事態下の総理といえば、この男だった

世が新型コロナ一色となった折、緊急事態宣言が発令された。この未曾有の事態を前にして思い出したのは、’11年の東日本大震災だ。あのとき、俺は民主党と連立政権を組む国民新党の代表だった。時の総理大臣こそ、菅直人だ。

大災害の時に頼りになるのは自衛隊と警察と消防だけだ。俺はこれらを総動員しろと言って、福島には機動隊を3万人集めさせた。当時、すでに閣僚から外れていた俺の進言を、菅はある程度まで聞きいれた。有事では、中途半端な手法は致命的なのである。機動隊を東京や大阪といった大都市に集結させ、街中を回らせるべきなのだ。緊急事態下の安倍晋三や菅義偉は大変な思いをしただろうが、その苦労がわかるのは菅直人だけかもしれない。

’09年の民主党政権発足に伴い、俺は金融担当大臣と郵政改革担当大臣に就任。’10年の菅内閣でも留任したが、発足後わずか3日で辞任することになった。菅が郵政改革法案を成立させようとしなかったからだ。

小泉の悪しき郵政民営化を食い止めるこの法案は、国民新党の根幹とも言える重要法案だっ

た。代表就任日の党首会談で、菅は「速やかな成立を期す」と俺に約束したが、人が良い俺はあっという間に裏切られた。俺は閣僚を辞した上で民主党を翻意させ、法案を成立させる道を選んだ。ところが参院選で民主党は大敗。結果的に、野党に相当の譲歩をして何とか成立したが、菅があのとき1週間でも会期延長を決めていれば譲歩せずに済んだのに、とやるせない。

その後「ねじれ国会」となり、菅は政権運営に苦労し、支持率も低迷した。だから'11年初頭の内閣改造後に、俺は「あんたの悪いところは、小手先で物事を乗り切ろうとするところだ」と忠告した。野党である自民党や公明党の優秀な人間を一本釣りし、大胆な閣僚人事を行うことを提案したのだが、菅は与謝野馨さんを入閣させるにとどまり、反発を買って内閣は弱体化した。予算を通すのもやっとの青息吐息の菅政権を、東日本大震災が襲った。原発事故対応をめぐって、菅は様々な批判を浴びた。

原発事故から3ヵ月が経った6月27日、菅は総理官邸で俺に副総理への就任を求めた。閣外に置いておくとうるさくて厄介だから、閣内に取り込もうと吹き込まれたのだろう。

「俺に原発対応の全てを任せるなら引き受ける。あなたにそれができるか?」

菅は押し黙ってしまい、沈黙が流れた。ようやく声を発したかと思うと、こう言った。

「それはできません。原発は細野(豪志)に担当大臣を任せます」

俺は、副総理の話を断り、代わりに首相補佐官に就任した。菅は総理まで務めたが、決して大物政治家とはいえない。そうはいっても、自民党の世襲議員ばかりが出世するのが常の昨今の永田町で、市民運動家から首相にまで上り詰めたのは、大したものだと思う。

阿部知子

バッジの重みを誰より知る女性議員

医師出身の阿部知子との関わりができたのは、'09年に民主党政権が誕生した頃だ。政権は社民党、俺が率いる国民新党との3党連立だったが、阿部は社民党の政審会長を務めていた。連立政権として3党の政策を協議する過程で、頻繁に顔を合わせるようになった。

鳩山由紀夫政権は、沖縄の基地問題を巡る対応の失敗で、あっという間に追い込まれた。政権崩壊の引き金を引いたのは、社民党の連立離脱だ。米軍普天間飛行場の辺野古移設を決めたことが決定打となった。もともと、社民党内では連立離脱を支持する意見が大勢を占めていた。ただ、政治は与党でなければ何もできないのは、まぎれもない現実だ。俺は社民党の連中に再三翻意を促したが、当時党首の福島瑞穂は離脱強硬派だった。

その中で唯一、俺の意見に頷いてくれたのが阿部だった。阿部は、両党が妥協できる落としどころを探すべく、奔走した。しかし、結局は党内の意見を覆せず、連立離脱に至る。

阿部との結びつきが再び深まったのは、'12年12月の総選挙。選挙を前に、阿部は社民党を離党した。「亀井さんの知恵や経験を借りて、国民に寄り添う新党をつくりたい」と言って、滋賀の嘉田由紀子知事とともに、脱原発を掲げた日本未来の党を立ち上げた。ほどなく山田正彦さんとともに反TPPを掲げた俺たちの政党と合流し、そこに小沢一郎のグループも加わって衆院選を戦った。残念ながら結果は大惨敗だったが、阿部はなんとか比例復活で議席を守る。大変だったのは、嘉田さんと阿部の共同代表制を小沢たちが拒否してからだ。結局俺と阿部は離党し、残った小沢グループが党名を変更して存続させた。

阿部は再び政治団体「日本未来の党」を作り、たった一人で活動を始めた。俺は、女性参議院議員4人が作った「みどりの風」に頼まれて加わる。やがて阿部もそこに合流し、再び同じ政党でやることになった。ただ、それも一瞬のこと。その年の夏の参院選で候補者が全員落選し、政党要件を満たせなくなったのだ。'14年、彼女は民主党に移り、俺は無所属となった。わずか2年間、目まぐるしい政局を共にした彼女はまさに同志だった。

阿部のすごいところは、選挙には弱いのに、バッジをつけ続けているところだ。何せ、初当選から6回続けて比例復活を果たしている。'17年の総選挙では、阿部は希望の党から真っ先に「排除」され立憲民主党から出馬することにしたが、結果、初めて小選挙区での当選を果たした。もし希望の党から出ていたら落選だっただろうから、政治とはわからないものだ。どんな形でも、議員であり続けているというのは、阿部がバッジの重みを知っているからだろう。生き残るためにはなんでもする。いかにも馬鹿正直で、地味なタイプだが、したたかに生き残る術を見つけてきた。さながら渡り職人のようだ。与党でいることの重みも誰よりも理解する、なかなかの女性政治家だ。

鳩山由紀夫

「宇宙人」は、すべて任せてくれた

新型コロナの影響で、中小企業は瀕死の状態だ。倒産件数も大幅に増えた。今こそ中小企業金融円滑化法（モラトリアム法）の復活が望まれる。鳩山由紀夫政権下、リーマンショックで打撃を受けた中小企業の資金繰り支援の目的で、俺が強引に作った法律だ（「大塚耕平」の項参照）。鳩山が総理でなければ、到底許されるものではなかったはずだ。鳩山や閣内はもとより、与野党の誰にも根回しせず、大臣就任初会見の第一声で俺はこう宣言したのだから。

「借りたカネを、返せるようになるまで返さなくても良い法律を作る！」

鳩山もビックリしたに違いない。だが鳩山は、この国を建て直すには大胆な「手術」が必要だと理解してくれ、すべてを俺に任せてくれた。

鳩山は、莫大な資産を持つ名家に生まれた。保守合同によって自民党を結成した元総理の鳩山一郎先生を祖父に持ち、父は大蔵事務次官を経て外相も務めた。弟の邦夫も政治家。政界屈指のサラブレッド一家だ。

自社さ連立政権のとき、彼はさきがけの代表幹事だったから、そこで初めて関わりを持った。

当時の鳩山は、資産を背景とした、党のスポンサー的な役割にすぎず、影の薄い男だった。それから15年後、「脱官僚主義」「政治主導」を掲げた民主党は、自民党に圧勝して政権を発足。社民党、国民新党と3党連立政権を組み、俺は再び鳩山と関係ができた。

鳩山は俺を郵政改革・金融担当大臣に据えた。俺は郵政選挙では小泉にやられ、辛酸をなめたが、'12年4月、参議院で郵政民営化見直し法案が可決したときは感無量だった。ただ、日本郵政のトップに元大蔵事務次官・齋藤次郎氏を俺が独断で起用したことで、鳩山には少し迷惑をかけてしまった。元官僚の社長就任は、民主党が主導する「脱官僚主義」に逆行する「天下り」だと批判を浴びたからだ。齋藤氏は、俺が自民党時代から実務能力や判断力を評価していたが、小沢一郎と深い関係があったことから「小沢との二重権力になるのではないか」という声が出てきてしまったのだ。

鳩山は、俺の考えを支持し、記者にはこう語っている。「亀井さんのところで大変素晴らしい方を考えている。（齋藤氏は）相当なつわものの方だから、おもしろいかなという風に思った」

そんな鳩山とも、一度だけ衝突したことがある。永住外国人の参政権の問題だ。「永住外国人に参政権がないのは、日本が住みにくいことを物語っている。永住外国人に地方参政権を与えるべきじゃないですか?」鳩山はこう言ったが、俺は、そんなことをするのなら連立を出て行くと答えた。鳩山も根負けしてこの法案は見送られた。

衝突はそのときだけだ。俺と鳩山は、対米従属からの脱却を本気で考えていたのだ。国益を守るため、自主独立をしなければいけないという点は同じ考えだった。事実、彼の沖縄への思いは相当なものである。オバマ米大統領との会談で、米軍普天間飛行場の名護市辺野古への移設決着に対して「トラスト・ミー」と言ったり、移設問題では「最低でも県外」だと発言をしたことから、批判を浴びた。だが、「トラスト・ミー」発言は、会談に同席した役人たちが誤った解釈を外に伝えてしまったものだし、「最低でも県外」発言も、すべては対米従属から沖縄を守ろうとした彼の思いから生まれたものだ。

日本で戦場になったのは沖縄だけ。現地の人たちの苦しみに報いるには、沖縄を第一に考えないといけない、と鳩山は思っていた。俺は毎日のように官邸に電話をして、「大丈夫か？　今が踏ん張りどきだ。頑張らないといけないぞ」と励ました。普天間飛行場の徳之島（鹿児島県）への移転案が出た時は、俺なりのアドバイスもした。徳之島名誉町民でもあった徳洲会の徳田虎雄先生のところに、真っ先に挨拶に行けと。その段取りまで俺がやって、最後まで鳩山をかばった。対米従属からの脱却という鳩山の民族主義的な思想が好きだったからだ。最後まで連立を離脱せず、鳩山政権を支えようと考えたのはそのためだ。

今の政権はアメリカに追従するばかりだ。鳩山のような本気の政治家がいないのだ。世間離れした考えから、鳩山は「宇宙人」だと揶揄されていた。その宇宙人が、地球の下世話な部分を、地球人の俺に任せてくれたのだ。鳩山には感謝している。

嘉田由紀子

「生一本」の女県知事の挫折

元滋賀県知事で、日本未来の党の党首を務めた嘉田由紀子は、強いリーダーシップを持つ女性だ。学者から畑違いの政治に挑んだ嘉田の原点は、琵琶湖にある。中学校の修学旅行でその美しさに惹かれ、人生が一変したらしい。水と環境の研究をするため京大に入り、アメリカ留学から帰国後、研究者として環境問題に取り組んだ。ダム建設による森林破壊や無駄な公共事業に疑問を抱いていた嘉田は、'06年の滋賀県知事選に出馬を決意することになる。

埼玉生まれで滋賀に地盤もなければ、政党にも属さない嘉田は、知事選では泡沫候補だった。しかし彼女は公共事業の凍結、環境保全、子育て支援の公約を訴え、3万票あまりの差で現職知事を破った。公約で掲げた新幹線新駅建設の凍結や、ダムに頼らない治水改革を断行。琵琶湖の環境保全にも力を注ぎ、霞が関の役人とやり合うことも厭わなかった。

嘉田の存在が全国的に知られたきっかけは、東日本大震災だ。かねて国の原子力政策に疑念を持っていた嘉田は、事故をきっかけに福井県の大飯原発3・4号機の再稼働に最後まで必死に抵抗を続けた。ここで日本中の注目を集めた嘉田に目をつけたのが、小沢一郎だ。

新党結成を模索していた小沢にとって、クリーンなイメージの嘉田はまさにうってつけ。嘉田をトップに据えようと、小沢は12年秋に説得を始めたが、嘉田は固辞し続ける。そこへ首相の野田佳彦が突然、衆院解散を口走った。焦った小沢は「このままだと脱原発の議員は死屍累々だ。あなたが立てば１００議席は取れる」と口説いて、ついに嘉田も根負けした。嘉田を党首とする「日本未来の党」の誕生だった。

そのとき突然、小沢が俺に連絡をよこし、新党に合流するため、「嘉田に会ってくれ」と言い出した。会ってみると、嘉田は見た目こそ優しそうだが、主張がはっきりして芯のある女性だと感じた。脱原発はもちろん、お互い田舎生まれの農家育ちで、郷土を愛する想いは俺と共通していた。嘉田を旗頭にすれば勝てると確信した俺は、すぐに小沢に、減税日本とともに新党へ合流することを伝えた。こうして総勢１２１人が結集し、第三極の最大勢力が誕生したのだ。

小選挙区と比例区あわせて50議席は獲得できる感触があったが、小沢を潰したい一心の民主党の安住淳が、日本未来の党の候補者が立つ小選挙区のほとんどに、民主党の候補者を立ててきた。これで事態が一変し、両者は共倒れになり、自民党が大勝してしまった。

嘉田は当選した9人で国政に挑もうとしたが、その後の役員人事を巡り、小沢系議員と対立した。最後は俺が仲裁に入ったが、日本未来の党は結党からわずか1ヵ月で分党してしまった。小沢に担がれたが、結局最後には対立することになり、嘉田にとっては貴重な経験だったに違いない。現在嘉田は参議院議員として活動しているが、この苦い記憶が今後の政治家人生で生きることを願っている。

原口一博

非難にも、難病にも屈せぬ男

民主党政権で、俺が郵政改革担当大臣として陣頭指揮を執った時、実行部隊のトップとして奔走してくれたのが、総務大臣だった原口一博だ。法案を作るうえでは、所轄官庁である総務省の役人の全面協力が不可欠だ。原口は省内に「とにかく亀井大臣の決断を尊重して、お仕事を進めやすいようにしろ」という大号令を出してくれ、大変助けられた。

民主党政権の発足直後は、衆参ともに与党勢力が過半数を押さえていたので、郵政改革法案はすんなり成立するはずだったが、そうはならなかった。ありとあらゆる邪魔が入ったのだ。

思い出すのが、'10年3月の参議院総務委員会で、原口が答弁に遅刻して叩かれたときだ。原口は、直前まで衆議院本会議で行われていた「子ども手当法案」の採決が延びたために、やむなく遅れただけだった。それなのに、野党の自民党もメディアも猛烈に騒ぎ立てた。こういう事態に陥ったのは、仲間であるはずの与党内にも敵がいたからだ。当時、民主党内にも改革に後ろ向きな連中が一定数いて、そうした勢力が陰で原口を陥れようとしていた。

あちこちから足を引っ張られるようになり、そのうち鳩山由紀夫首相が辞任した。次に首相となった菅直人は、俺たちとの約束を反故にして、郵政改革法案が廃案になった。閣議で俺は「国会を延長してでも通すべきだ」と主張したが、ほかの閣僚はみんな反対した。しかしこの時も唯一、原口だけは「国会を延長せずとも、この法案を通す方法はある。なんとか粘りましょう」と言ってくれた。俺や原口の主張は通らなかったが。

政権交代直後の民主党政権に入ってみると、こんなに優秀な人材が揃っているのか、と驚いたもんだ。自民党政権の閣僚たちとは、頭の出来が違った。一方で、民主党の政治家の多くには、国家観のようなものが欠落しているとも感じた。野党の奴らは国家、民族に対する忠誠心や責任の意識に欠けるところがあるが、原口には、それがしっかりとあった。

原口は、難病の「骨形成不全症」を患っていることを公表している。最初の異変は、'14年の総選挙の時期に、階段から落ちて足を複雑骨折したことだった。俺は原口の緊急入院を新聞で知って、すぐに電話を入れた。傷から感染症を起こし、集中治療室に入るほどの重症だと聞いたから、その後も心配になり、何度も電話して、生きているかどうか確認を取ったくらいだ。そうして死の淵を彷徨った原口だったが、車椅子に乗って選挙運動に励み、見事に当選を果たした。大怪我と病気にも屈することなく、今も現職で頑張っているのは感慨深い。

最近の野党は、与党を脅かすだけの力を全く持てていない。原口もいまや野党の中ではベテランであり、周囲の議員を引っ張っていく立場になった。ここが踏ん張りどころだ。この機会にさらにひと皮剝けて、与党に一矢報いてほしい。

辻元清美

「初の女性総理」はこの人かもしれない

「総理、総理、総理」――総理になったばかりの小泉純一郎に、国会で執拗に食い下がる辻元清美の姿を、覚えている読者も多いことだろう。おかしいと思うことがあれば、たとえ相手が総理だろうが容赦なく嚙みつく。そんな性分は、昔からまったく変わらない。俺は辻元と20年以上の付き合いになるが、最初の出会いから驚かされっぱなしだった。

'94年、自社さ政権で俺が運輸大臣を務めていたときのことだ。とあるテレビ局で生出演があり、俺は楽屋で出番を待っていた。そこにいきなりドアを開けて入ってきたのが、まだ30代前半の辻元だった。辻元は早稲田を出た後、国際交流NGO「ピースボート」代表となり、客船に若者を乗せて世界中をまわっていた。その活動が話題になり、メディアでも取り上げられるようになったのだ。

辻元は、面食らう俺に「亀井先生、私たちの活動を知ってください」と訴えてきた。初対面でいきなり言われてもな、と思ったが、大臣にアポ無しで直談判するとは、度胸がある奴だわいと話を聞いてやった。どうやら客船でトラブルがあり、事情に通じた人間に相談したかったらし

い。船舶は運輸省の所管だから、役人より大臣に直談判したほうが話が早いと、俺に直接会いに来たそうだ。その突飛な発想と行動力に、たいそう驚かされた。

だがそれから2年後、まさか国会で再会するとは夢にも思わなかった。'96年10月の衆議院議員総選挙後、首班指名のために特別国会が召集された。壇上で投票を済ませ階段を下りると、議場の最前列に座る短髪の女性と目が合った。あのときテレビ局の楽屋に乗り込んできた辻元じゃないか。

「選挙で当選して、国会議員になりました」

初対面のときから行動力のある奴だと思ったが、議員になるとは予想外だった。俺はとっさに「こんな有能な奴を社民党で埋もれさせるわけにはいかん。自民党に来い！」と手を引いて自民の議席に連れて行こうとしたが、辻元には「堪忍してください！」と必死で抵抗された。

その後も、辻元は持ち前の行動力を見せた。議員立法で関わったＮＰＯ法（特定非営利活動促進法）の審議中には、反対していた自民党参院幹事長の村上正邦を説得するため、辻元は村上の自宅を直撃したそうだ。１年生議員が、自分が作りたい法案を通すために参議院のドンに直談判するなど、今では考えられない。社民党党首の土井たか子が惚れ込んだだけのことはある。村山富市さんも、「社民党を復活させられるのは辻元清美しかいない」と言っていた。

辻元が政治家として本領を発揮し始めたのは、当選2回目に社民党政審会長を任されたのがきっかけだ。当時の社民党は、土井たか子の存在感は際立っていたものの、後継者不足に悩んでいた。そこで、知名度のある辻元を抜擢して「女性の政党」という印象を強めたかったのだ。政審会長とは自民党や民主党でいう政調会長のポストで、各党と政策論争を繰り広げる党の心臓部だ。当時、俺は自民党の政調会長で、民主党は菅直人が政調会長だった。俺も菅も「辻元はまだ、たったの当選2回だろ」と高をくくっていた。

しかし、俺たちはあいつを見くびっていた。忘れもしない、NHKの『日曜討論』で直接対決したときのことだ。辻元は番組が始まると、いきなりこんな質問を浴びせてきた。

「野党は、今国会であっせん利得処罰法の成立を求めている。ところで亀井さんも、ものすごい額の献金を集めていますが、何に使ってるんですか？」

さすがに頭にきた俺は、辻元を叱りつけた。当時、俺は政治資金の番付で上位の常連だったが、汚い金に一切手をつけたことはないからだ。その後も辻元とは激しい論戦を幾度も交わした。ただ俺はいつしか、若いのに自民党政調会長室に堂々と入ってきてズバズバ物を言う辻元の態度に、「たいした奴だ」と好感を持つようになっていった。

それからは、折に触れて辻元の相談に乗るようになった。'17年の衆院選では辻元の応援に入ったが、俺は「将来、この人は女性初の総理大臣になる」と話した。総理になれる政治家は、どこか華と光を持っている。辻元にはそれに加えて、押しの強さと行動力がある。今は雌伏の時だが、将来また政権交代の機が熟せば、辻元が女性初の総理になってもおかしくないと俺は思っている。

福島瑞穂

野辺の花として散る覚悟はあるか

鳩山政権が誕生したとき、俺は国民新党の代表で、連立相手の社民党党首、福島瑞穂とはよく党首会談で顔を合わせた。福島は非常に聡明な女性だ。正確に状況を見ることができる。純粋で真っ直ぐで、わざとらしい生意気さもない。福島は当然左翼だが、俺は自民党時代から右っぽいところも左っぽいところも併せ持っていたから、福島とは意外と考えが一致するところが多い。

ある日、福島と食事をしていたら「私と亀井さんは『郵政民営化反対』『死刑廃止』『義理人情』、この3つしか共通項がないですよね」と言ってきた。俺は「3つも同じなら上出来じゃないか」と返した。ひょっとすると保守の政治家より気が合うのかもしれない。

しかし、俺が福島とまったく意見が合わなかった問題がある。選択的夫婦別姓だ。個人的にも夫婦別姓の実現に力を注いできた福島は、ことあるごとに俺を説得してきた。だが俺は、こう反論した。「子どもは親父の苗字になるのか、お袋の苗字になるのか。兄弟で苗字がバラバラになるかもしれない。そんなの家族じゃない」。福島は、もちろん納得はしていなかったが、それ以上強く言うこともなかった。

俺が福島を説得したこともある。鳩山政権が'10年5月、米軍普天間飛行場の辺野古移転を決めると、福島は猛反対した。閣議で署名を拒否し、閣僚を罷免されたうえ、社民党の連立離脱まで決めてしまった。俺は「こんなことで連立を離れることはないだろう」と何度も福島を説得したが、翻意することはなかった。その信念はわからないではない。ただ俺に言わせれば、一度手にした政権を自分から手放すなんて、逃げるのと変わらない。政治というのは誰が何と言おうが、最後は権力を持ってる側が強いんだ。

福島の社民党は、残念ながら、この先なにか新たな展望があるとは思えない。社民党の根底には、いまもマルクスやレーニンの思想が流れているが、それでははっきり言って流行らない。福島も弁護士出身で真面目なせいか、あるいは理屈に囚われているのか、まだまだ考えが固い。俺みたいないい加減さ、柔軟さを身に付ければいいのにと思う。

議席の数が少ないのは、悲観することばかりでもない。歴史を見ると、大成する人物は、最初はみんな少数派だった。だから俺は「こうなったら、最後の一人になるまでやってみなさい」と彼女に言ってやりたい。ここで妥協をして、有象無象と一緒になったら光が失われてしまう。

もしかしたらこの先花開くかもしれない。だが、花が開きそうだからやる、開かなそうだからやらないというのでは、政治はダメだ。一輪の野辺の花として咲いて散っていく。そう覚悟を決めれば、きっといまより福島は輝くようになるだろう。

牧 義夫

信念を貫き、政界を揺るがした

国民新党代表として俺も参画した民主党政権は、なぜ3年3ヵ月で幕を閉じたのか。官僚をうまく使えなかった、東日本大震災に見舞われた、党内対立が激化したなど、理由を挙げたらきりがないが、最大の原因は、消費税増税の推進で国民の猛反発を招いたことだ。

あのときの俺と同じく、政府内にいながら増税反対を訴えていたのが、今は立憲民主党にいる牧義夫だ。地味な実務家という印象だが、ひと皮むけば、ブレない信念を持つ男気ある政治家だ。もともと防衛庁広報紙の記者だったが、'87年に鳩山邦夫の秘書に転じ、11年間仕えた。鳩山が'99年都知事選で落選したため秘書の仕事がなくなり、民主党本部へ出向して党職員になった。同じ頃、民主党では翌年の総選挙の候補者選定が始まった。そこで、選対事務局で働いていた牧に白羽の矢が立ち、地元愛知4区から出馬して初当選した。

俺が牧と出会ったのは、それから5年ほど経ったころだ。きっかけは、俺の古い知人が牧を支援していたことだった。彼に「牧を指導してやってほしい」と頼まれ、目をかけるようになった。それからは、何か行動を起こすときには必ず牧に声をかけるようにした。

死刑制度廃止のための運動はもちろん、'15年の安保法制のときも、俺の意見に賛同してくれた。俺が至誠一貫の心で取り組んできた郵政民営化反対、金融担当大臣として作った金融モラトリアム法についても、牧には腹の内を明かした。話すうちに、俺と牧は理念や考え方が近いこと、そして彼が信頼できる政治家であることがわかったからだ。

牧は多くの政党を渡り歩いてきた。永田町には、牧を「政界の渡り鳥」と揶揄する輩もいるが、そうは思わない。なぜなら彼が自分の意思で離党を決めたのは、民主党を出たときの一度きりだと知っているからだ。その経緯を明かすには、俺と民主党幹部との対立を語る必要がある。菅直人政権のとき、郵政改革法案についての約束を反故にされたことはすでに述べた。この時から俺は民主党政権に不信感を抱くようになったが、輪をかけてひどかったのが、突然「消費税増税をやる」と言い出した野田だ。

激怒した俺は、連立からの離脱を決めた。すると国民新党の中でも、俺に代表辞任を認める声が出てきた。これも自分の責任だと考えた俺は、潔く国民新党を離党したが、そんな矢先、民主党でありながら消費増税に反対して「国民に対する裏切りだ。公約を破るのは信念に反する」と、厚生労働副大臣の辞表を出したのが牧だった。

牧の造反がきっかけとなって、民主党は分裂に至った。つまり、民主党政権崩壊の引き金を引いたのは、他ならぬ牧だったのだ。俺は、牧の勇気と決心に感服した。「政治家は、いつも弱者の味方でないといかん」という俺の思いが、ひとりで辞表を出した牧の胸の中にもあったのだと信じている。

保坂展人

票にならずとも、無私の心で動く男

現役の議員だった頃、俺がライフワークと定めて注力していたのが死刑廃止だ。その活動で出会った同志と言ってもいいのが、今は世田谷区長をやっている保坂展人だ。

ジャーナリストから転じた保坂は、'96年の総選挙で社民党から初当選している。俺が保坂と初めて会ったのは、超党派の「死刑廃止を推進する議員連盟」だった。

国民の8割が今も反対する死刑廃止なんて主張したところで、票を失うことはあっても増える見込みはない。だから自民党の連中は誰も賛同しない。だが、保坂は選挙云々よりも自分の信念を優先する男だ。

俺が死刑廃止議連の会長になったのも、実は保坂のおかげだ。保坂は1年生議員のときから、死刑廃止問題に熱心に取り組んでいた。一方、俺は議連に入ってはいたものの、忙しくてなかなか顔を出せない状況だった。ところが、'01年の参院選でそれまで会長をしていた竹村泰子さんが落選したため、トップがいなくなってしまった。すると事務局長をしていた保坂がわざわざ俺の事務所までやってきて「亀井さん、会長を引き受けてください」と頼むのだった。「議連の品が悪くなるぞ」と言って最初は断ったが、保坂は「それでもやってくれ」と何度も頭を下げる。最後は根負けして「よし、やるなら徹底的にやろう」と、引き受けることにした。

俺は早速、保坂と一緒に当時の森山眞弓法相のところまで行き、「日本人は『忠臣蔵』が大好きだ。だから仇討ちに肯定的だが、本当は国家権力が人の命を奪うなんて、あってはならないんだ」と言って死刑執行中止の申し入れをした。そして、保坂を実務の中心として具体的な立法にも乗り出した。

とはいえ、ただ「死刑廃止」と叫ぶだけではなかなか前に進まない。そこで、俺たちは段階を踏むことにした。

今の日本の司法制度では、死刑とその次の無期懲役の間に差がありすぎる。無期懲役では、20年もしないで仮釈放されることだってある。そこで、アメリカの「重無期刑」のように、仮釈放のない本当の終身刑を創設すべし、という提案をまず行った。それから議論のあいだは死刑執行を一時停止し、「死刑臨調」という会議体で刑の存廃を議論する。これら2本立てで法案を作り、終身刑の導入と死刑廃止を実現できればいいという考えを議連としてまとめた。もちろん、法案作りを進めたのは保坂だ。

保坂も俺も熱っぽく取り組むものだから、次第に議連は注目を集めた。最も多い時には120人超が参加し、当時はメディアでもたびたび取り上げられた。

結局、この案は自民党を除く各党では了承されたものの、自民党の法務部会で検事出身の連中が反論をふっかけてきて潰されてしまった。しかし保坂は、「いつか自分たちがいなくなった後でもいいから、信じた政策が実現すればそれでいい」という思いを持っていた。

ほかにも印象深いのは、政権交代前夜の'09年1月に勃発した「かんぽの宿」問題だ。民営化した日本郵政が、かんぽの宿をオリックス不動産に安価で一括売却することが決まったが、オリックス会長の宮内義彦が郵政民営化を検討した「総合規制改革会議」の議長だったから、出来レースを疑われた問題だ。追及の急先鋒は俺と保坂だった。野党への期待が高まって、その後の政権交代につながったことには、この一件も寄与しただろう。

ところが、なんと保坂は'09年の総選挙で落選してしまう。せっかく民主党・社民党・国民新党で連立政権を組んで活躍できるというのに、保坂という優秀な男を失ってしまったのは、本当に痛かった。

東日本大震災が起きた直後の'11年4月、保坂は突然、世田谷区長選挙に出ると言い出した。俺はすぐに応援を約束し、国民新党を支援する郵便局長100人に声をかけて、景気づけをした。保坂は見事に当選し、働きぶりが認められて、その後も3選を果たしている。今では、保坂は誰もが認める世田谷の「顔」になった。

思想の話をすれば、保坂は「左」の政治家だ。それでも「右」の俺が長年にわたって彼に惹かれるのは、人間性を信用しているからに他ならない。名区長になれたのも、保坂が私を捨てて市民に仕える男だということが、ちゃんと区民に伝わっているおかげなんだ。

前原誠司

意見は違うが、驚くほどに義理堅い

'05年、43歳の若さで民主党の代表となった前原誠司は、現在もなお野党の要だ。野党の離合集散で数々の政党を渡り歩くことになったが、いずれも代表クラスの重職を任されている。いまは雌伏のときというところだが、いずれは総理大臣も狙える政治家だろう。

俺が初めて前原と話をしたのは、民主党政権が成立した'09年のことだ。俺は郵政改革担当大臣として入閣し、前原は国土交通大臣に就いた。

俺は世間から「ホープ」と呼ばれて期待されていた前原が、どんな仕事をするのか興味があった。というのも、国土交通省は建設省と運輸省が合併してできた役所だが、俺はかつてその両方で大臣をやったことがあるからだ。民主党政権と前原が「目玉政策」として掲げる中には、かつて俺が関わったものもたくさんあった。たとえば前原が国交大臣になって早々に掲げた「羽田空港の国際ハブ化」だ。俺と石原慎太郎が力を入れて取り組んでも前に進まず、うやむやになっていたこの事業を、政権交代というバネを使って一気に実現させたのが前原だった。

前原は日本航空の再建など、航空業界の問題に果敢に取り組んだ一方で、いただけないと思う

ともあった。それが、八ッ場ダムの建設中止に代表されるダム関連の政策で、前原が右往左往してしまったことだ。

すでに八ッ場ダムは、建設予定地の住人に立ち退いてもらい、工事を始めようとしていた段階だった。それを途中で止めては、たくさんの人が宙ぶらりんになって、どうしようもなくなる。必要かどうかを慎重に見極めることなく、ただ「ムダだ」と言って切り捨てては、地元住民は国に振り回され、果ては国に対して恨みを持つようになってしまう。前原の進めたダム政策は、少なからぬ禍根を残した。

ただ、前原には恩義もある。'10年の7月、俺の地元である広島県庄原市が豪雨災害に遭って、土砂崩れや川の氾濫に見舞われた。被害は甚大で、亡くなる方も出た。その時、俺は前原に電話すると、前原はすぐに調整して自ら現地に入り、陣頭指揮をとってくれた。

俺と前原は、政策が近いわけではない。俺が必死で主張してきた郵政民営化反対や死刑制度廃止には、彼は反対している。TPPの時も、前原は賛成で、俺は反対の先頭に立っていた。だが、前原が他の民主党出身の政治家と違うのは、抜群に気遣いができることだ。俺がパーティー券を買うと、わざわざ自分で直接「お礼がしたい」と連絡してきた。俺の都合が合わなければ、丁寧な手紙を書いてよこしてくる。驚くほど義理堅い男なんだ。

前原は政策だけでなく政局も考えられる男だ。政治は決断し、動かなければ変えられない。風は自らが起こすものだ。今は国民民主党という少数政党にいるが、近々、間違いなく政局が動く。経験豊かな前原が活躍する日が、すぐにやってくるだろう。

平野博文

狐にも狸にもなれる政治家

鳩山政権で閣僚を務めたとき、俺と最も接点が多かった政治家の一人が、官房長官だった平野博文だ。閣議では隣の席で、俺の発言がつい長びいてしまうと、いつも隣から「まあ、この辺で」と抑え込むのが平野の役目になっていた。

印象深いのは、金融担当大臣として最初に取り組んだ金融円滑化法、先にも触れた通称「モラトリアム法」だ。俺は皇居での大臣認証式のあと、深夜の記者会見で早速このモラトリアム法に触れた。すると、その後の官房長官会見でこれについて聞かれた平野が、「金融担当大臣としてのお考えで、政府としての考えではない」と言いやがったんだ。

誰にも根回ししなかったから、当然といえば当然かもしれない。しかし俺は思わず平野に電話して、「これをやらなきゃ中小企業は持たないじゃないか」と怒鳴った。

習近平と天皇（のちの上皇）陛下の会見を実現させたことも思い出深い。'09年12月に来日した時の習近平は、まだ副主席だった。海外の要人が天皇陛下との会見を希望する場合、1ヵ月前までに申請するルールがある。しかし中国側から打診されたときは、すでに来日まで1ヵ月を切っ

ていた。当時の宮内庁長官の羽毛田信吾にも批判されたが、中国側から泣きつかれた俺は羽毛田に電話して直談判した。それでも羽毛田は「それはできません」と繰り返すばかりだ。そこで俺は「しかしなあ、おめえさんは役人だろ。役人は上司の命令があればやらざるを得ないだろ」と言った。すると「はい、そうです」と応じるので、俺はここぞとばかりに「今からお前の上司、官房長官の平野に電話させる。だから飲んでくれよ」とたたみかけた。それで羽毛田はようやく承諾したんだ。

俺はすぐに平野に電話して「羽毛田に命令してもらえないか」と伝えた。これで天皇陛下に習近平を会わせることができた。だから俺は、習には大きな貸しがある。

平野とは、ほかにもいろんな局面で連絡を取り合って、時に議論し時に助けてもらった。それは官房長官だからというだけでなく、平野の調整能力を俺が買っていたからだ。俺はあいつに「あんたは狐と狸を併せ持っているな。どちらの化かし方もできるから、信用ならん」と言ったことがあった。けなしているわけではない。いろんな立場の人からあれこれ言われる官房長官という役職は、局面に応じて狐になったり狸になったりしないと、円滑に仕事を進められないし政権を支えることもできない。そういう男が官房長官だったからこそ、3党連立の難しい政権運営もなんとか成り立っていたんだろう。

膠着した政局を動かすここぞというときには、野党にも、平野のように狐にも狸にもなれる政治家の力が必要になるはずだ。

只松祐治

警察時代の俺を かわいがってくれた

社会党の大物でありながら、マルクス・レーニン主義に凝り固まるのではなく、柔軟で懐の深い政治家だったのが只松祐治さんだ。大学在学中に海軍飛行科予備学生として学徒出陣した只松さんは、特攻隊の生き残りで、気性の荒さを感じさせる男だった。一方で義理と情を重んじ、弱者を助けるヒューマニズムを持ち合わせた人で、その人柄に惚れた政治家は数知れない。俺もその一人で、長年にわたり公私ともに導いてもらった。

只松さんとの付き合いは、俺が政治家になる前の警察官僚時代に遡る。俺は'62年に警察庁へ入り、'69年には鳥取県警から埼玉県警へ異動して、警視庁二課や東京地検特捜部も沈黙するような汚職事件を多く摘発した。

一番の思い出は、田中角栄さんの虎の尾を踏んだことだ。ある収賄事件で捜査線上に浮かんだ谷古宇《やこう》甚三郎という男が、政商・小佐野賢治と昵懇の仲で、2人とも角栄さんの金庫番だった。「ミニ角栄」とも呼ばれた谷古宇は観光業、ホテル業など20社以上を擁するグループのオーナーで、背景にある角栄さんの力を誇示していた。

谷古宇の動きが怪しいとの情報を摑んだ俺は、奴が自民党公認で国政に出ようというとき、公選法違反で逮捕する計画を進めた。だが、当時警察庁長官だった後藤田正晴さんが俺に電話で、捕まえてはならん、と言ってきた。後藤田のオヤジは田中人脈の一人だったから俺を止めようとしたんだ。普通なら、素直に「はい、分かりました」と返事するところだが、俺は谷古宇を逮捕してしまった。

他にも俺は、デカい汚職事件を次々と摘発した。毎度のように警察庁長官賞を取る俺の噂を聞きつけたのだろう。ある日突然、俺の部屋にまんじゅうを持って入ってきたのが、地元埼玉の代議士だった只松さんだ。「おう、二課長！　大変だな。これを食って頑張ってくれや」と労ってくれたのが最初だ。俺が上司の言うことも聞かないヤンチャ者だと知って気に入ってくれたのか、それからは事あるごとに俺に会いに来るようになった。

捜査が一段落したときには「二課長、だいぶ疲れが溜まってるだろ。ちょっと骨休めに行こうか」と言って、そのまま鬼怒川温泉まで連れていってくれたこともある。ちゃっかり芸者まで呼んでいて、夜通し2人で大騒ぎをしたのは懐かしい思い出だ。時には只松さんの馴染みの深川の料亭にも連れていってくれた。俺と只松さんは16も歳が離れているが、とにかく気が合って、時間さえ合えば、よく遊びに繰り出したものだ。たいてい政治家が警察官僚にすり寄ってくるときは、良からぬ魂胆があると相場が決まっている。だが只松さんは、俺を籠絡しようとして誘ってきたわけでは決してなかった。

今思えば、只松さんと気が合ったのは、思想的に近いところがあったからだろう。俺も高校時代には学校に歯向かうビラを配ったり、東大に入ると反核デモに加わったりして、少し左がかった所があった。だから、左派の只松さんとはウマが合ったのかもしれない。

俺は只松さんと付き合ううちに、「なんだか政治家も面白そうだな」と思うようになった。どのみち俺みたいに上司の言うことを聞かない奴は、役人の世界では出世できなかっただろう。だから、のちに俺が議員になったきっかけは只松さんとの出会いだったんだ。

一度だけ頼みごとをされたことがある。もう時効だから書いてもいいだろう。'70年に、百貨店の髙島屋が大宮駅前に出店する計画が進んでいた。この土地取引に絡んだ収賄疑惑が浮上し、俺は大宮市の社会党市議会議員を、十数人ほど逮捕する寸前まで捜査を進めた。すると只松さんが「二課長、勘弁してくれ」と泣きを入れてきたんだ。そんなことを言われたのは、後にも先にもこのときだけだ。しばらく悩み、俺は結局手を引くことに決めた。だが、髙島屋の建物を建てるとき、横を通る公道の幅を狭める計画だったのを、反対に広げさせるという条件を飲んでもらった。逮捕しなかったことを非難する向きもあるかもしれない。だがその代わりに、何か地域にとってプラスになるような「利」を取ろうと俺は思ったんだ。

俺が'79年に政界入りしたときには、もう只松さんは国政を去っていたから、政治家として共に行動することはなかった。只松さんがいたら、今度は永田町で一緒に大暴れできたのに、と今でも残念に思っている。

谷岡郁子

永田町最大の「女傑」だった

政治は男のものと言われていた時代がある。その偏見を覆した女性がいる。

'12年4月、俺は自ら立ち上げた国民新党を半ば追い出され、離党した。石原慎太郎と新党立ち上げを模索したが、石原が橋下徹と組んだために頓挫。すぐに山田正彦と新党を立ち上げ、河村たかし率いる「減税日本」を合流させ、第三極の勢力を結集すべく躍起になっていた。このとき小沢一郎が、嘉田由紀子を旗頭に新党結成を模索した。俺は「脱原発」を掲げる嘉田たちの「日本未来の党」と合流した。

一方、俺と共に国民新党を離党した亀井亜紀子は、谷岡郁子や舟山康江、行田邦子ら女性議員と共に「みどりの風」を結成し、新党を立ち上げていた。同年暮れの総選挙を戦うためにも、俺は谷岡らを呼び寄せ、「一緒に未来の党に合流せよ」と打診した。しかし、谷岡は「なんで私たちが合流しないといけないんですか」と突っ張った。合流するなら、俺のほうがみどりの風に入党しろと言うのだ。頭にきた俺は、谷岡たちを部屋から追い出した。

結局、俺たちは未来の党と合流したが、総選挙では惨敗。嘉田と小沢の対立も起こり、第三極結集は失敗に終わったと見た俺は、離党を考えた。すると、谷岡をはじめ4人の女性議員が突然俺の事務所にやってきて、開口一番、谷岡が言うんだ。

「みどりの風に入っていただけないかと、もう一度お誘いにきました」

谷岡ら「みどりの風」は、すでに政党要件を満たせなくなっていたため、俺に入党してほしいと泣きを入れてきたのだ。俺は「女と組めるものか」と内心では思ったが、谷岡の次の一言で考えが変わった。

「先生はスカートがお嫌いですから、私たちも一切スカートを穿かないことにしました」

どうりで全員パンツルック姿だったわけだ。面白いことを言う女だと大笑いするしかない。俺はみどりの風に入ることを了承した。まんまと彼女の策略にはまってしまった。谷岡は、もともと愛知県の至学館大学（旧・中京女子大学）の学長で、女子レスリング部を創設し、吉田沙保里や伊調姉妹など多くのメダリストを輩出した。'07年の参院選に初当選し、議員になった。良家出身で女性学長とは、「お嬢様」としか思えず、インテリぶった女に政治家が務まるわけがないと見ていた。しかし、それは間違いだと気付かされた。

俺がちょっとした猥談をすると、谷岡以外の女性議員は恥じらいを見せる。しかし谷岡は「先生になると、口だけだから気の毒ね。私なんか大学の学長だから、若い男の子にモテモテで不自由してません。ごめんあそばせ」と、物怖じせずに堂々と切り返すのだ。

こいつが政治のイロハを知れば、並の男の政治家なんて敵わないはずと、俺は直感した。合流した俺は、谷岡に党の代表を任せた。経験がない彼女は最初は戸惑っていた。ある晩、他党の議員と料亭で酒を交わすことになった。谷岡を誘ったが、「私は明日質問があるから行けません」と断ってきた。「俺なんか何十年も質問はしてないぞ」と言っても、「質問をしない議員は議員ではありません」と頑なだ。谷岡は情報公開論者だったから仕方がなかったかもしれないが、政治は机上の論理だけでは動かない。膝と膝をつき合わせて一杯酒を酌み交わし、肝胆相照らす人間同士の信頼ができて、初めて動くのだ。

そういう部分を、徹底的に彼女に叩きこんだ。無茶な注文をしすぎたかもしれないが、怠けることなく、一生懸命俺の言うままに動いてくれた。頭ごなしに叱った時もあった。だが、谷岡が俺とは違う視点で考えてきたことに対しては、「一理ある」と認めてやった。

政治家は、鳥の目のように全体を俯瞰するだけでなく、地面を這いずり回る蟻の目も必要だ。人間の辛さ、しんどさ、情けなさといった心が分かるようにならないといけない。谷岡も次第に、そこらの男の政治家よりよほど立派な政治家になっていった。俺が持っていた「女ごときが」という偏見など、とっくに吹き飛んだ。

'13年の参院選に敗れ、みどりの風は解散した。逃げた仲間が多いなか、谷岡は最後まで責任感を持って代表を務めた。谷岡が学長を務める至学館大学でパワハラ騒動が発覚した時は、メディアに散々叩かれたが、谷岡は学生や選手たちを守りたい一心だったことを俺は知っている。

谷岡は、俺が知る唯一の女傑政治家だった。

山田正彦

「ブレない男」と新党を作ったときのこと

菅直人政権で農水大臣を務めた山田正彦さんは、もともと地元の長崎・五島列島で畜産農家をやっていた。農業については誰よりも詳しい。そのうえ、弁護士でもあるから法律にも強く、政策能力が非常に長けている。俺は山田さんを「現代の佐倉惣五郎」だと思っている。佐倉は江戸時代の義民で、重税に苦しむ農民のために将軍への直訴を行い、処刑された伝説がある。常に弱い立場の人の味方で、自分のことよりも日本全体の国益を考えて活動してきたのが、山田さんだ。苦しむ農家を助けようと尽力してきた。

それが花開いたのは、民主党政権が目玉政策の一つとして行った戸別所得補償制度だ。これを指揮し、実現させた人物こそ山田さんだった。彼との距離が近くなったのはTPPの反対運動でのことだ。民主党政権下、'10年に首相となった菅直人は、突然TPP参加検討を表明。まだ誰もTPPなどという言葉も聞いたことがなかった時期だ。俺は、グローバルに自由貿易を推進していく協定であるという時点で、TPPに違和感を抱いていた。誰より早く危機感を持ったのが山田さんだ。そのとき彼は農水副大臣から大臣に昇格していたが閣議でも強く反対していたという。するとその後の内閣改造では大臣から外された。

山田さんはすぐ「TPPを慎重に考える会」を発足させると、あっという間に250人にのぼる議員を集めた。当時、TPPが何か、細かいことまで知っている議員はほとんどいなかったはずだが、山田さんがこれだけ反対する以上、よくない協定だろうと考えたわけだ。それほど信頼の厚い人だった。

TPPは日本にとって自殺行為である。日本の農業を確実に滅ぼす。野田佳彦政権になるとTPP推進の動きはさらに加速した。野田は「TPPに賛同しない議員は選挙で公認しない」とまで発言し、翌年の11月に解散をしてしまう。TPP反対の急先鋒である山田さんはやむなく離党を決断し、そこで、無所属になっていた俺と2人で政党を作ることになった。

山田さんと2人だけで会い、丸一日近く話をした結果、俺たちの意見は一致した。当時の民主党政権はTPPばかりでなく、原発再稼働や消費税増税までやろうとしていた。俺は原発事故を目の当たりにして、もう原発に頼るべきではないと思っていた。消費税増税に至っては、民主党がマニフェストで「4年間は上げない」と約束していたのに、それさえ反故にしようとしていた。たった2人で「反TPP・脱原発・消費増税凍結を実現する党」が結成された。

結果として、この党が大きくならなかったのは残念だったが、短い間に次々と動いた。さすがに2人だけではどうにもならないので、消費税増税に反対していた名古屋市長の河村たかし率いる地域政党「減税日本」も加えた。さらに反原発で知名度の高かった嘉田由紀子さんが作った党と合流し、最終的には小沢一郎が作った勢力「国民の生活が第一」とも合流して、「日本未来の党」として衆院選を戦ったのは、先に述べた通りだ。俺は当選できたが、もともと選挙に強くなかった山田さんは敗北を喫し、議席を失った。俺は政治活動を共にできる仲間を失ってしまったのだ。

山田さんは非常に地味だが、人間関係をとても大事にしている。約束したら絶対に守る人だ。強固な信念を持って政治活動をしていた。だから、姿自体がぶれないでまっすぐしている。五島列島は隠れキリシタンで有名だが、山田さん自身もキリシタンの家系だった。そういう宗教心に裏打ちされているのかもしれない。あそこまで純粋な生き方ができる人は稀だ。

今でも山田さんは、弁護士としてＴＰＰ反対活動の先頭に立っている。議員でなくなってからは私塾「炉端政治塾」を作り、若者に夜を徹して政治を教えていて、俺も講師に招かれて話しに行ったことがある。「紹介したい人がいる」と山本太郎を連れてきたこともある。そこで初めて山本と話をしたが、非常に面白い男だ。日本の将来を切り開いていく存在になりうる。面白い若者が山田さんのところに集まるのだ。

お互い政界を引退しても、長い間友情が続いているのは、ありがたいことである。

岡田克也

「地蔵さん」だが、それも悪くない

宮澤喜一政権の頃、自民党でひときわ生きのいい若手議員が、岡田克也だった。堅物で知られる岡田は、金権体質はびこる自民党政治に嫌悪感を抱いていたのだろう。カネのかかる中選挙区制をやめ、小選挙区制を導入するのに特に熱心だった。だが現職議員は中選挙区で当選してきたわけだから、俺を含め、党内でも反対する者が大半だった。

野党との話し合いがまとまらず、法案成立断念を党の総務会で決めることになったとき、部屋に入ろうとした俺たち総務会のメンバーを、改革派の若手が押しとどめようとした。俺が「どけどけ」とはねのけて部屋に入ろうとすると、誰かに羽交い締めにされて止められた。それが岡田だった。若手時代は俺も道場破りみたいなことをしたが、その俺を、1年生議員の岡田が全力で止めようとしたのには驚いた。岡田は巨大スーパー・イオンの御曹司だが、ただのお坊ちゃんではない。気骨のある男だとその時わかった。

その後、野党から内閣不信任案が出されると、小沢一郎を筆頭とする勢力が造反。不信任案は可決され、やがて自民党は下野したが、党を割って新生党を作った小沢のもとには、経世会を中心に44人もの議員が馳せ参じた。岡田もその一人だった。それから長く岡田との交わりはほぼなかったが、再び岡田と関わるようになったのが'09年の政権交代前夜だ。

俺は国民新党の代表代行、岡田は民主党の幹事長だった。野党の幹事長会談で、クソ真面目な岡田は俺たちの意見や不満をいつも熱心にメモしていた。野田佳彦が消費増税を強行した時、副総理だった岡田が俺に賛同するよう説得に来たことがある。俺は「消費税なんて上げるべきじゃない。法案を出したら、野田とお前は地獄に落ちるぞ」と言ってやったが、奴らは強行した。民主党にとって、俺の「地獄に落ちる」という言葉はまさに予言だった。

民主党が下野し、その後岡田は代表になった。その頃、俺の事務所を定期的に訪れていた岡田に、「次の参院選は、野党勢力を結集して統一名簿方式でまとめるべきだ」と俺は諭した。だが岡田は頑として応じない。人一倍礼儀正しいくせに、俺の意見は一切聞かないのだ。

だから、俺は岡田に「石の地蔵さん」というあだ名をつけた。本人と会っても直接「おう、地蔵さん」と呼んでやった。

ただ、石頭で融通がきかないのは決して悪いことばかりでもない。それは、あいつなりの信念を持って行動していることの証でもある。そして、地蔵さんは意見を聞かないことはあっても、裏切ったりはしない。岡田は堅物だが、それと同じくらい信用できる男でもある。

岡田は野党議員の中でも選挙がとてつもなく強いし、経験も豊富だ。日本の政治をマトモに戻すためには、野党が強くなることが欠かせない。そのために「地蔵さん」の力が必要とされる局面が、近い将来やってくるだろう。

第五章

因縁と愛憎の21人

石原慎太郎

「石原総理」誕生のために走り回った夜

芥川賞作家でありながら、衆議院議員から都知事にまで登りつめた石原慎太郎は、あけすけで開けっぴろげの性格だから、俺とは実に気が合った。

初めて会ったのは、俺が初当選して間もない頃、自由革新同友会（中川派）でのことだ。当時の自民党の政治家には珍しい、都会育ちの洒落た男。それが慎太郎だった。第一印象では生意気な野郎だと思ったが、今日まで盟友として付き合うことになるのだから、縁とは不思議だ。

あいつはやんちゃで我が儘だし、俺と一緒で相手の機嫌をとって物を言わない。だから喧嘩も一度や二度じゃない。「お前は文学者じゃない」「お前の『太陽の季節』なんて、男のシンボルで障子破っただけの話だろう」と言ったら、「何だと！」と怒ってビールをかけられそうになった。

政治的な話でも、たびたび意見が対立した。天皇制を認めるのは俺もあいつも一緒だが、中身が違う。彼はある意味で共和主義者的なところがあって、必ずしも天皇陛下でなければいかんとは思っていない。あくまで、すでに存在する制度を廃止する必要はないと思っているのだ。一方俺は、強烈な天皇主義者だ。天皇は神でもなければ人間でもないし、絶対的な存在だと思っている。だから、天皇制の話に及ぶと、意見が衝突する。

　こうした衝突は、天皇制にかぎらない。俺が「米国、ロシア、中国の3大国に対抗するためには、日本と韓国、北朝鮮というアジアの国々で一丸となって対抗すべきだ」と言ったときも、あいつは「それは異議あり！」と言うんだ。石原の主張は強者の論理だ。

　ただし、あいつは文明を観る鋭い目を持っている。想像力やアイデアもある。そういう点では政治家というより、文学者なのだ。石原には人を利用するとか、偉くなりたいとか、金儲けしたいという俗世間の欲望がまったくない。そんな純粋な奴だから、喧嘩してもその場かぎりのことで、後には引きずらない。石原はその点でナイスガイだから、俺はあいつを総理にしたくて担いだことがあった。’89年の宇野内閣倒閣の時のことだ。

　就任間もない宇野宗佑首相は、複数のスキャンダルで就任後2ヵ月余りで退陣に追い込まれた。次の総裁候補として、竹下派は河本派の海部俊樹を推し、宮澤派は林義郎を推した。竹下派は、総裁選では自前候補を出さず海部を引っ張ってきたが、主流派だったから他派閥への影響力は強い。俺は当時清和会を破門され自由の身だったし、他の候補者が気に食わなかった。それで平沼赳夫や園田博之とともに、清和会に戻っていた石原を担ぐと決めたのだ。

　だがそこからが大変だった。総裁選の推薦人届け出の前日夜12時までに、必要な推薦人20人が集まらなかったからだ。俺はホテルの石原選対本部に詰めていたが、どうかき集めても19人しかおらず、憔悴していた。するとそこに突然太田誠一がやって来て、「（推薦人に）俺が入ってやるよ」と言ってくれた。石原とともに、深夜の記者会見場に急行したが、その会見でまた問題が起こる。記者から、石原がリクルート事件に関与しているという質問が飛び、石原は「明日資料を持ってくる」と答えてしまった。翌朝7時、推薦人の一人山中貞則さんから「リクルートに関係のある男の推薦人になる訳にはいかない」と、辞退されてしまったのだ。さらに貞則さんに連なる他の議員まで、推薦人を辞めるという。

届け出締め切りは午前10時。あと3時間しかないから、本当に焦った。直前まで駆けずり回り、あきらめかけたとき——再び貞則さんから電話がきた。「どうせ、うまくいってないんだろう?」負けん気の強い俺は「あんたの力なんて借りませんから」と言ってしまった。するとどういうわけか、貞則さんは「まあいいよ、なってやるよ」と言う。園田が党本部まですっ飛んで行って、締め切り間際、無事に推薦人20人を届け出ることができた。

結局、総裁選では48票しか獲得できず、石原は負けてしまったが、悲愴感はまったくない。石原は、「亀ちゃんのおかげであれだけの票が取れたんだもんな」と言うが、石原のためにみんなで奔走したのは、いい思い出だ。

13年半務めた都知事を辞めたのは、石原新党結成をけしかけた俺にも責任がある。結成していたら石原の総理への道もあったと思うと、残念だ。お互い歳は食ったが、平沼と一緒に、白浪五人男ならぬ白浪三人男として、やりたいことのために暴れまわれたら本望だ。

堀江貴文

郵政選挙の「宿敵」との再会

ホリエモンこと堀江貴文と関わったのは、長い政治家人生の中でもほんの一瞬のことだ。しかし、非常に印象深い人物の一人だ。'05年に小泉純一郎が講じた郵政解散は、「狂気の一手」だった。小泉は、郵政民営化に反対した者に対しては、同じ自民党の同志でも情け容赦なく「刺客」を送り込んだ。反対の急先鋒だった俺には、最強の刺客を送り込んできた。それが堀江だ。堀江の考え方は新自由主義者そのもので、小泉構造改革路線の象徴的な候補者だったのだ。当時の堀江は飛ぶ鳥を落とす勢いで、べらぼうな人気者だった。この「時代の寵児」が出馬したのが、縁もゆかりもない俺の選挙区・広島6区だったのだ。

まったく俺も舐められたものだ。堀江は選挙になると「ここに体育館を作ります」「ここには公民館を作ります」と、とにかくカネをばらまく公約を言いまくった。支持はあっという間に燎原の火のごとく広がり、演説をやればものすごい人が集まった。カネの力を見せつけて、有権者はみんな「これで生活が楽になる」と思っていた。中選挙区時代に俺のライバルだった佐藤守良さんの本拠地・尾道では、当時の市長まで堀江についてしまった。

堀江は無所属だったが、それは選挙戦略上のことで、事実上は自民党の公認候補だった。当時の武部勤幹事長は広島まで駆けつけ、堀江を持ち上げる演説をぶった。それをマスコミも面白おかしく取り上げたから、俺が劣勢だと報じるメディアも出てきた。そんな頃、俺の演説中に大雨が降ってきたのだ。構わず傘もささずに俺が熱弁を振るい続けると、テレビで流れたその映像を見て「亀井がここまで頑張ってるんだ」と、みんなが火の玉のようになって必死に支援し始めた。こんなことは国政に出た最初の選挙以来のことだった。

堀江はあの日のことを「ああいうパフォーマンスは、わざとらし過ぎて僕にはできない」と抜かしやがったが、決して演技ではない。偶然だ。結果、最終的には2万6000票の差をつけて俺が圧勝した。俺が勝てたのは、選挙民がバカじゃなかったからに他ならない。

俺の支持母体は県議とか市議、大企業ではない。零細企業のオヤジとか百姓といった一般庶民の人たちだ。まさに「亀井党」である。だから、基礎力が違う。俺は地から生えてきた男だから、そんなことでは倒せない。根が張っているのだ。小選挙区制になってから、地元にはほとんど入らなくても圧勝してきたのはそのためだ。選挙戦では、基本的に党の幹部として全国を応援で回っていた。だから、堀江との選挙戦は、久しぶりに地元に張り付いての戦いになった。数十年ぶりに山の奥まで入っていったが、みんな「よく来てくれた」と大歓迎だった。そういう意味でも印象深い選挙だ。

もっとも俺にとって堀江は敵ではない。はっきり言って問題にもならない存在だ。だから選挙期間中も含め彼の悪口は一度も言ったことがなく、むしろ元気ある若者だと評価したくらいだ。

その後、堀江が逮捕され実刑判決を受けたときも「まだ若いのだから、反省して出直したらいい」とコメントした。俺は堀江を小泉改革の犠牲者だと思っていた。郵政選挙で彼の人気を利用しておいて、実刑を受けたら知らぬふりの自民党には怒りを覚えた。党として推した責任があるはずで、小泉と武部は頭を丸めて反省すべきだった。

その後、国民新党の代表として参院選を戦うときに、堀江に対し人づてで「国民新党から出ないか」と打診したことがある。考えは違うが、鍛え直してやればいい。あの徒手空拳の心意気は大したものだと思ったのだ。

’19年6月、テレビ番組の収録で初めて堀江と対面した。選挙中も含め、直接会って話したのは初めてだった。「やあやあやあ」と挨拶して、当時のことなんかを話した。暇をもてあましているのかと思ったら、その時の彼は民間でロケット開発をしていた。とてもいいことをしていると思ったから、「ちょっと金出させろ」と言って、その場で約束して出資した。

俺も今、ソーラービジネスをやっているが、それは金儲けではなく、世のため人のための事業だ。ああいう元気で突破力のある奴が政治の世界に入ってくるのはいいことだ。だから会ったときも、「今度の参院選に出ろよ」と政界進出を勧めた。残念ながら参院選には出なかったが、政治に活力を与えるためにも、もう一度挑戦してほしいと思っている。

橋下 徹

国政進出は失敗だったが、チャンスはある

橋下徹は天才だ。大阪で府知事になり、大阪維新の会を作ると、「反東京」でまとめ上げて「大阪中心」で一つの勢力を作った。大阪都構想は、大阪独立運動みたいな話である。要するに、東京の風下にはつかないということ。なかなかできる発想じゃない。まったく革命児だと思う。そういう点で、現れたときから、俺は橋下を非常に評価していた。都構想を実現するために知事を辞めて大阪市長になったり、是非を問うためと言って出直し選挙をしたりと、型破りなことをやれる政治家だ。俺も他の人がやらないようなことを考えて実行してきたから、橋下に共感するところがある。面白い存在だと思ってきた。

だが、橋下が国政政党「日本維新の会」を作ったのは大失敗だった。俺の盟友・石原慎太郎を横取りするような形で代表にまつりあげ、国政に乗り出した。実際、橋下の手法は東京では受け入れられなかった。結局、大阪では東京の悪口を言っていれば人気が取れるというだけのことだ。だから、橋下が国政政党を作ろうと画策していた頃、俺は電話で直接言った。

「あんた空中サーカスして、そのうち空中ブランコから落ちるよ。大阪の雄のままでいればいい

のに、国政なんかに出てきたら落っこちるぞ」

結果は俺の予言通りとなり、今は橋下も国政進出は失敗だったと認めている。

橋下の国政進出には俺も大きな迷惑を被った。ちょうど石原慎太郎を担いで「石原新党」を作ろうと画策していたからだ。新党トップには慎太郎を据えたいと思っていたが、慎太郎が維新合流を決断したことで俺の構想は頓挫。維新は、国政は慎太郎に任せるということだったから、慎太郎は乗ってしまったのだ。当時は本当にがっくりきた。結局、慎太郎の加わった日本維新の会は'12年の総選挙で第3党にまで勢力を拡大させたが、それが限界だった。

当時、俺は慎太郎だけでなく、民主党からパージされていた小沢一郎とも組んで大掛かりな政界再編を仕掛けようとしていた。ただし、慎太郎の小沢嫌いは相当なものだった。民主党内でも100人規模の勢力を誇っていた小沢と、都知事として人気のあった慎太郎、さらに「たちあがれ日本」を率いていた平沼赳夫も加わり、俺が新党を結成する――もしここで、大阪を固めた橋下が連携したら、政権奪取も見えただろう。もったいないことをした。橋下人気にほだされ、さしもの慎太郎も大局が見えなくなっていたのだろう。

橋下が主要政策として掲げてきた道州制には、俺も賛成だ。この道州制は、俺自身、橋下が言い出すはるか前、自民党政調会長時代から主張していたことだ。権力は集中させるよりも、それぞれの地域の特徴にあった政治をやったほうがいい。地方がどんどん疲弊している様を見てきたから、尚更だ。ただし、道州制導入のためには憲法を改正しないといけないが、本当にすべきは憲法改正ではなく、「自主憲法の制定」だ。もともと自民党の党是は自主憲法制定であり、それが歪曲されている。マッカーサー主導で作った現憲法は、前文の文章からしておかしい。日本人が自ら、きちんとした日本語で書くべきなのだ。

依頼されて、橋下が自分のやっているネット番組に出たことがある。話題は多岐にわたったが、橋下が、「大阪市の真田山墓地という旧陸軍墓地がほったらかしになっている。今は自治会が管理しているが、お金がないからボロボロになっている。それを国と地方、自民党はほったらかしにしてきた。国のために戦って命を落とした方のお墓を守るのに、国から予算をつけて下さいよ」と訴えた。俺もそれは当然だと応じた。

俺は橋下に「政策や理念は関係ない」「野党は権力を握ってから政策をやればいい」と言った。彼はその考えに非常に納得していて、「自分は政策と理念の一致にこだわりすぎた」と応じた。政権を取るほどの勢力に拡大していくためにはそれだけの器が必要だ。権力を握ったら、後は国民のためになることをやるのみ。橋下もようやく、それがわかってきたようだ。

やっぱり政治は自分でやらなければしょうがない。橋下はまだ若いのだからもう一度勝負してほしいと思う。会って再認識したが、やっぱり光がある。天才児だ。コツコツやるのではなく、パッとやってパッと花を咲かせるタイプだ。必要とされる出番はやってくるだろうから、そのときはぜひ政界に殴りこんでほしい。

田中康夫

「脱ダム」にかけた矜持

俺が建設大臣を務めていたとき、22のダム事業を中止させた。自民党政調会長だった'00年8月には、ダム事業48件を含め、公共事業223件を中止させ、前年比で2兆8000億円の無駄ガネを削減した。大手ゼネコンや利権にまみれた議員からの反発は凄まじかったが、すべて突っぱねた。私利私欲にまみれた連中からの反発を恐れていては、国民のための改革は成し遂げられない。俺とまったく同じ考えを持っていたのが田中康夫だ。

田中は非常に才能のある男だ。一橋大学在学中に文藝賞を受賞した作家であり、阪神・淡路大震災ではボランティア活動で名を上げ、'00年に長野県知事に就任。脱ダム宣言や脱記者クラブ宣言など革新的な改革ばかりでなく、公共事業の見直しや公務員人件費の削減で、長野県の財政を赤字から黒字に転換させた。抜群の政策能力の持ち主だ。

田中と初めて会ったのは、'04年9月に田原総一朗さんのテレビ番組『サンデープロジェクト』で一緒に出演したときだ。俺は彼のことを、パフォーマンスばかりやって知事に当選した奴だと誤解していた。番組では、田原さんは田中を持ちあげ、俺を腐すばかりだったが、田中は俺のこ

とを「田原さん、この人は違いますよ。元祖・脱ダム宣言の父です。国民のために公共事業のあり方を変えようとしている人なんです」と言ってくれた。

このときから、彼の政策理念に関心を持つようになっていった。派閥の勉強会の講師にも、田中を呼んだことがあった。だが脱ダム宣言をした県知事として、田中は地元選出の自民党議員からすれば敵である。派閥内からは批判もあったが、俺はこう言って聞かせた。

「よく聞け！　あいつが言っているのは、公共事業撲滅論なんかじゃねえ。俺たちが目指している、胸を張れる公共事業をやろうと言っているんだ」

講演が終わった後には、皆が口々にこう言うのだ。「長野選出の議員たちが言っていたことと、ずいぶん違う。田中さんの言うとおりだ」。県民を思い、権力欲にまみれた者からの批判を恐れず、己の信念に覚悟を持って決断するというのは、並の政治家にできることではない。

そう言えるのは、俺自身の体験があるからだ。俺の生まれた広島県庄原市川北町の山奥の村は、わずか20〜30軒の小さな集落。峠には吊り橋がかかり、せせらぎが聞こえる自然豊かな故郷だった。ところが、その集落がダム建設予定地になった。故郷を水没させて潰したらいかんという思いで、建設大臣のとき、ダム建設を中止させた。

高齢化で過疎が進むなか、住民からすれば、ダムを作ることで国に田畑を買ってもらい、お金も入るから良いと思うかもしれない。自治体にも補助金が入って田舎が潤うから良いとも思われがちだ。しかしみんな本心では、安住の地としてそこで暮らしたいものだ。何百年先の子孫にも自然豊かな故郷を残していきたいと思っているものなのだ。

田中も同じ考えだったに違いない。前知事時代に培われた「思考停止」の県民性をただし、公共事業のあり方を県民全体で考えねば、いつまでも国に頼りきった体質は変わらないと考えたのだ。補助金頼りの県政から脱却し、大手ゼネコンだけが儲かって地方が疲弊する大型ダム事業は中止する。環境破壊を誘発するダム事業ではなく、自然豊かな河川や湖沼を子孫に残すため、治水・治山対策をしていく——。田中は河川改修に重きを置いた。

田中は連日、県の技術系職員を総動員した。県管理の河川を総点検し、浚渫《しゅんせつ》工事の補正予算を県独自で組み、河川の護岸強化対策に没頭した。護岸補強のために「鋼矢板《こうやいた》工法」を取り入れるべきだと主張したが、国交省の役人らは前例を踏襲しがちで、護岸改修に否定的。俺が大臣の時の尾田栄章河川局長のような者もいるが、たいていはダムありきで、河川改修はコンクリートで固めれば問題ないという考えだった。公共事業によるダム建設に、カネが生まれる構造そのものに問題があることも、彼らはなかなか理解しようとしない。

田中は必死に役人と戦ったが、その後長野県知事に就任した村井仁により、事実上「脱ダム」を撤回されてしまう。国政に転じたものの、'12年の総選挙では敗北した。

田中のように人間の血が通った政治家はそうはいない。殺伐とした世の中を変えるためには、田中のような政治家が必要だ。もう一度、政界に復帰してほしいと切に願っている。

鈴木宗男

「師」に身も心も捧げた男

鈴木宗男について、今でも印象深いのは中川一郎先生の秘書時代の献身的な働きぶりだ。

中川先生は、先にも書いた通り、俺の初めての選挙で山奥まで入ってきて、誰よりも熱心に応援してくれた恩人だ。準派閥・中川派（自由革新同友会）は、俺の所属する福田派の弟分だったから、俺や三塚博さんは掛け持ちで入っていた。当然、中川先生とは夜の会合でご一緒する。秘書だった宗男は会合中もずっと外で終わるのを待っていた。宗男はどんなときでも宴席に最後まで付き合い、落合の中川先生の自宅まで送り届けた。その後、夜が白みはじめたころに帰宅する毎日だった。中川先生に徹底的に尽くすその様は、親子以上の関係だった。「中川一郎に身も心も捧げた男」と言っていいだろう。

悲劇が襲ったのは、'83年の年明けすぐのこと。中川先生が不慮の死を遂げ、後継を巡って、息子の中川昭一と宗男との間で骨肉の争いが発生してしまった。同じ北海道5区から出馬し、二人は死闘を繰り広げた。あのとき昭一に、もう少し深慮があったならば、と思う。親父に対してあれほど尽くしてくれた宗男と対立するのではなく、「お世話になりました」と立てることを優先すべきだった。当時、「中川一郎が亡くなった原因は鈴木宗男だ」と言われるほど、宗男を見る目は厳しかったが、秘書時代の頑張りを見てきた俺は、宗男が後継として出馬するのは当然だと思っていた。

しかし、「弔い合戦」において、自民党は昭一を公認した。公認を受けられなかった宗男は、無所属候補として、同じ選挙区から出た。劣勢が伝えられたが、地元でも献身的に活動していた宗男は、無事、当選した。中川先生の兄弟さえ、宗男を応援していたのだ。

当選後の宗男は、外交族の議員として名を上げた。俺が自民党政調会長をしていた'00年のこと。全権を持っていた俺は、予算の組み替えを大胆に実行し、ＯＤＡ（政府開発援助）予算についても、「無駄な援助が目立つ」という理由で3割削減することにした。そこに噛み付いてきたのが宗男だった。「ＯＤＡは日本の外交戦略の大きなカードです。使い道は私が厳しくチェックしています。ちゃんと使われているのだから、考え直してください」。宗男にこう言われて考えを改め、俺は、予算はほぼ据え置くことになった。

宗男との付き合いは長かったし、信頼関係もあった。その宗男が言うのだから、間違いないだろうという思いがあったのだ。当時の自民党には、各分野にいわゆる「族議員」がいて影響力を行使していた。しかし小泉政権は族議員を徹底して排除し、宗男はその筆頭格だった。外務大臣田中眞紀子に対し、宗男は「陰の外務大臣」と呼ばれるほどだった。

'02年1月、ＮＧＯ代表の国際会議参加拒否問題をきっかけに、宗男が外務省の方針に口出しをしていたことが問題になった。宗男と田中の対立がエスカレートした結果、田中眞紀子と事務次官は更迭され、宗男も自民党を離党した。専門分野では確かに役人は優秀だが、民意を吸い上げて政策の方向性を決めるのは、政治家の役割だ。しかし小泉は、族議員を悪の権化かのように吹聴した。最終的に、受託収賄やあっせん収賄の容疑で、宗男は懲役2年の実刑判決を受け、収監された。真相はよくわからないが、刑務所生活を経ても、今は国会議員にカムバックしている執念は凄まじい。不死鳥のようだ。

宗男がライフワークとして取り組んでいるのが北方領土問題だ。どさくさに紛れて不法に日本の領土を奪ったロシアは、四島を返還するのが筋だ。返すことなく「平和友好条約」の締結などありえない。ただし一つ言えるのは、世界の歴史上、力で取った領土をタダで返した国などないということ。ロシアは、チラチラと領土を返すフリはする。日本からカネを取って、経済援助を求めるためだ。北方領土問題の解決は難しいだろうというのが、今の俺の率直な思いだが、宗男にはこの難問を解いて欲しいと思う。

毀誉褒貶あるのが宗男という男だ。しかし、中川一郎先生に尽くした男だということは間違いない。滅私奉公とはあのことだ。宗男を持ち上げているわけではないが、あれほどの師弟関係を俺は他に知らない。

徳田虎雄

運命にも屈せぬ「虎と亀」の友情

徳田虎雄という男は俺が政治家として、そしてなにより人間として尊敬している人物だ。

医者だった徳田さんは、「生命だけは平等だ」というスローガンを掲げ、医療法人「徳洲会」を設立。「いつでも、どこでも、誰でもが最善の医療を受けられる社会」をモットーに抜本的な医療改革を実行しようとした。日本の病院はそうではなかったんだ。たった一人で革命をやろうとして、日本医師会という最強の組織と正面からぶつかることになった。

彼と出会うきっかけは石原慎太郎だった。石原がやっていた自民党内の有志の勉強会「黎明の会」の事務所が山王グランドビルにあった。同じビルに徳洲会の東京本部もあり、石原と徳田さんは顔見知り。黎明の会に出入りしていた俺も、挨拶する機会があった。その後徳田さんは国会議員に当選すると、陳情ごとで俺のところにやってくるようになった。

当時は中選挙区の時代だったが、徳田さんの選挙区である奄美地方は日本唯一の1人区で、自民党の保岡興治さんの牙城だった。そこに殴り込みをかけたのが徳田さんだ。「保徳戦争」と言われる日本一熾烈な選挙戦を繰り広げ、’83年の最初の選挙は約1000票差で落選。3度目の挑戦、'90年の総選挙でようやく勝ち上がった。しかし、徳田さんは無所属の身で、当選しても政策を実現するのは難しかった。「もっといい医療を全国展開するんだ」と語る彼に共鳴した俺は、「よし、俺が用心棒をやる」と応え、バックアップを決意した。

自民党広しといえども、この仕事は俺にしかできなかった。なぜなら、自民党のほとんどの議員は医師会の支援を受けているから、敵に回せないのだ。'93年の選挙で徳田さんが2度目の当選を果たしたときは、一旦は自民党への入党が認められたのに、医師会の政治団体である日本医師連盟が猛抗議して、6日後には追い出されてしまったくらいだ。その点、俺は一切医師会の世話になっていないから、気兼ねする必要がなかった。

俺は徳田さんのためならなんでもやった。自民党の政調会長だった時、農林部会でサトウキビの生産者の手取り価格が下がることになった。そこで徳田さんが「なんとかしてくれ」と頼んできたから、俺は農水省の幹部を呼んで、値段を下げるどころかむしろ上げさせた。そのせいで他の農産物まで値段を再調整することになり、「なんで自民党じゃない徳田のためにここまでやるんだ」と猛批判されたが、俺は意に介さなかった。沖縄や奄美に対する予算付けも、全部俺がやった。

ただ、徳田さんや自分の利益のためにやったわけじゃないことは、はっきり言っておく。徳田さんの陳情も私欲ではなく、沖縄や奄美のために必要なことばかりだったから、なんとかしたんだ。そこには「虎」と「亀」の友情があった。

そんな徳田さんは筋萎縮性側索硬化症（ＡＬＳ）を発症し、'05年の総選挙で出馬を断念、引退する。あれだけ馬力のあった人が体を動かせなくなるなんて、運命はあまりに非情だ。

俺が国民新党を設立しようとしたとき、尽力してくれたのは、徳田さんの最側近で徳洲会の金庫番だった能宗克行氏だ。徳田さんたちは自由連合という政党を作っていたから、ノウハウがあったのだ。徳田さんの一挙手一投足を把握し、事務方として動いていたのが能宗氏で、徳田さんは公私にわたり能宗氏に全幅の信頼を置いていた。ところが、徳田さんがＡＬＳを発症してから、家族が徳田さんを囲い込むようになり、よくあるお家騒動が起きた。身動きの取れない状況になっても家族以上に信頼を置く能宗氏に対し、家族が嫉妬して排除しようとしたのは無理からぬことかもしれない。盟友だった俺に対しても疑いは向けられ、「能宗が亀井と組んで徳洲会を乗っ取ろうとしている」と言われたことさえあった。だがそんなことあるはずもない。俺は息子さんの仲人もした。肉親のようなもんだ。

徳田さんと最後に会ったのは10年の参院選の頃だ。俺が奄美に行って集会を開いたとき、徳田さんは「比例は国民新党を支援する」と表明してくれた。当時の国民新党は厳しい状況だったが、本当に義理人情に厚い男だ。彼は俺と一緒でモノへの執着もない。常に世の中のために全力で邁進した。俺たちの関係は、亀の背中に虎が乗っているようだったと言うと、格好をつけすぎだろうか。徳田虎雄は、その名に恥じぬ英雄だと俺は思っている。

平沼赳夫

盟友とともに「殴り込み」をかけた日

盟友・平沼赳夫との出会いは、俺がまだ初当選してから間もない頃だ。彼はもともと中川一郎先生の秘書をしていたこともあって、中川先生率いる保守系政策集団・自由革新同友会（中川派）に籍を置いていた。俺がいた福田派と中川派は兄弟派閥だから、俺は中川派の会合にも出入りしていて、そこで初めて会った。最初は人を寄せ付けない男という印象だった。しかし権威に巻かれようともせず、すきっとして堂々としていたから、すぐに意気投合した。

親分の中川一郎先生の死後、中川派のままでは居場所がないと感じた石原慎太郎が、平沼や長谷川峻らを引き連れて清和会に合流した。そこから平沼との関係は、より密なものになり、政治の現場以外でも麻雀や夜の会合で一緒になることが多くなっていった。

平沼という男は構えるところがあるが、その構えは俺には通用しなかった。だから気が合ったんだろう。慎太郎もそうだが、俺は鼻っ柱の強い奴とほど仲良くなれるところがある。天狗のような高い鼻っ柱を摑まえて、ギュッと折ってしまうのだ。

思い出深いのは、塚原俊平と3人で自由革新連盟のメンバー20人を引き連れ、自民党総務会に

「殴り込み」をかけた時のことだ。竹下登さんがリクルート事件で退陣し、後継者選びの真っ最中だった。経世会の橋本龍太郎が幹事長代理で、「自分が後継者選びを委任された」などとぬかしていた。総務会では、後継として宇野宗佑さんを選ぼうとまさに発表しているところだった。俺たち自由革新連盟がなだれ込み「そういう選び方は認めん！」とガンガン抗議したのだ。当時の総務会というのは自由な場所で、当選回数が下の議員でも、異論があれば何でも発言できた。

俺たちは、事実上解消した田中派に残っておられた山下元利さんに後継をお願いし、承諾を得た。旧田中派の連中のなかにも、田中角栄に反旗を翻した竹下さんの謀反を快く思っていない議員も多かった。すると情勢が宇野さんから山下さんに傾くのは想像に難くない。勝機はあった。しかし橋龍が悪知恵を働かせ、今度は起立採決にすると言い出した。これだと経世会所属でありながら、竹下さんに不満を持っている旧田中派の連中は山下さんに投票できるはずがない。投票すれば、良いポストももらえないし冷遇されるからだ。

俺たちは「起立採決なんてフェアじゃない。党の恥だ！」と凄んだが、あいつは「党則に起立採決はいかんとは書いてない」と言い腐る。俺たちは、最後の手段として党大会をぶっ壊すことを考えた。橋龍たちが無法な行為をするなら、こっちも！　と一致団結したのだ。結局、山下さん本人から「党大会で暴れるのは勘弁してほしい」と頼まれて引き下がったが、当時はみんな大乗り気で、楽しい時代だった。

その後も平沼とは、小泉純一郎が仕掛けた郵政民営化法案に反対するなど、抵抗勢力として党派閥関係なく一緒に戦ってきた。ただしいつも喧嘩は俺が前に出て、平沼は俺の後ろからエイヤーエイヤーとやるだけ。あいつは、斬った張ったの喧嘩が好きではないのだ。それは、元総理の平沼騏一郎に連なる出自も影響しているだろう。女房も徳川家出身のお嬢さんで、高松宮喜久子妃殿下の姪。皇室とも繫がりが強い。

周囲からは総理大臣への期待もあり、実際に本人も乗りかけたことがあった。ただしそれは、俺がふたたび総裁選に出た後、亀井派にいた伊吹文明の企みに乗せられた結果だ。平沼はそういう脇の甘いところもあるが、一本気の奴なのだ。

あいつは村山富市改造内閣で、俺の後任として運輸大臣になった。当初村山さんは、俺が内閣に残るなら平沼も入れると言っていた。しかし「清和会から亀井と平沼が同時に入閣したら、派閥が持たない」と三塚博さんに泣きつかれて、俺のほうは運輸大臣を退くことにした。

平沼は脳梗塞で倒れたが、早く快復することを心から願っている。お国のために、一緒に最後の奉公をしようじゃないか。

下地幹郎

「出入り禁止」なのに、期待する理由

下地幹郎の名前がとつぜん新聞で取り沙汰されたのは、’20年の新年早々のことだった。ＩＲ参入を目指す中国のカジノ業者から100万円の現金を受け取っていたのに、政治資金収支報告書に記載していなかった。下地は日本維新の会を除名され、議員辞職も勧告された。下地は批判にさらされながらも、無所属のまま議員を続行する道を選んだが、それでいい。いや、そうでなくてはならない。下地は沖縄のために生きている男だからだ。

沖縄人にとって、日本人はヤマトンチューだ。沖縄人は日本と中国の間に位置し、日本人でも中国人でもない。両方の国をうまく使いながら生き延びてきたのが沖縄だ。下地も日本をうまく使いつつ、中国もうまく使う。中国企業との関係でやられたが、とにかく沖縄のために利益をもたらせばいい――それが下地の立場だ。俺も「お前は、ヤマトンチューにも中国にも頭を下げるな！」と言って、叱咤激励している。

宮古島出身の下地は、父の経営する建設会社勤務を経て、’96年に衆議院で初当選した。自民党公認だったが、その後は苦労した。公明党との選挙区調整の関係で比例単独での出馬を迫られた

かと思えば、'03年には無所属での出馬を余儀なくされて落選。やがて自民党を離党し、民主党推薦で国政復帰、沖縄の地域政党「政党そうぞう」をつくった。'07年からは俺の国民新党と院内会派を組み、翌年には下地自身が入党した。'09年の総選挙では国民新党公認、民主党推薦で当選した。

民主党政権が誕生してから、下地は何よりも沖縄のために働いた。鳩山政権の発足直後、下地は那覇空港の着陸料を下げるよう前原誠司国交大臣に直談判したが、前原がなかなか実行しない。結局、俺が総理の鳩山と話し合い、軽減する方向に進んだ。東日本大震災発生後、菅直人政権の支持率が下がり、内閣改造で凌ごうとしたとき、俺が菅から副総理の役職を依頼されたが断り、首相補佐官に就任したことはすでに書いた。このとき水面下で動いていたのが下地だった。民主党副代表だった石井一さん、防衛大臣だった北沢俊美とともに、下地は俺の副総理就任の根回しを進めていたのだ。だから俺が首相補佐官になったと知って、その3人はひどく怒った。相当苦労して段取りしてくれていたのだろう。

'12年には、総理の野田がマニフェストを反故にして消費増税を実行しようとし、それに反対したために、俺がつくった党から俺自身が追い出される事態が起きた。政権にしがみつくため、党の連中は俺を追い出す暴挙に出たのだ。下地も政権に残るために、俺を追い落とす側に立った。俺がつくった国民新党は、下地という腕ききの海賊に乗っ取られた。

結果、俺の事務所に下地は出入り禁止になった。謝罪したいと言ってきたが、俺は会わなかった。それでも「会いたい」と言って、何度も足を運んできた。お中元も「毒が入ってるかもわからんものはいらん」と送り返してやった。だが、あまりにしつこいので、やがて再び会うようになった。5年くらいは話もしなかった。不義理をした相手に、こうまで拒絶されたら、普通は会う気も失せるだろう。厚かましいのがすぎて、俺も怒る気にならなくなったのだ。

国民新党を乗っ取られたことについては、あいつの立場に立てば腹も立たないのも事実だ。沖縄のために働くには、なんとしてでも閣内に固執しなければならなかったのだろう。

総選挙で沖縄に応援に行ったとき、俺は「下地はこの俺を切った男です」と第一声を上げた。そして、こう続けた。「なぜ俺を切ったか、皆さんおわかりですか？　下地は誰よりも、誰よりも沖縄を愛す。だから亀井静香を切ったんです」。そう、沖縄のためならなんでもやるのが下地だ。今回のカジノ騒動があっても、バッジを外すわけがないのだ。下地が離党した維新の会など、しょせん大阪の政党で、沖縄とは縁もゆかりもない。比例当選だったから、議員辞職しないのはおかしいという声があったが、そんなことは関係ない。

バッジを利用して沖縄のためになればいい。石にかじりついてでも権力を握ればいい。沖縄のため、自分の生きる道を切り開いていく男だと思う。

綿貫民輔

国民新党を共に立ち上げた「大人物」

綿貫民輔さんは自民党では3期上の先輩だったが、派閥が違ったこともあり、まったくと言っていいほど接点がなかった。ところが、'05年の郵政選挙以降、俺は綿貫さんと行動を共にすることになった。

俺と綿貫さんでは、郵便局との距離感はまったく異なるものだった。綿貫さんは郵政族で作る郵政事業懇話会の会長を務め、まさに「郵政族のドン」そのものだ。一方の俺にとっては、特定郵便局は選挙での強力な敵だった。旧広島3区で、同じ自民党で戦っていた佐藤守良さんの強力な支持母体だったからだ。だから、自民党を離党した俺が、無所属ではなく、綿貫さんを旗頭とした新党で「郵政民営化反対」を明確にする考えを示したとき、後援会からは「気が狂ったのか」と猛反対された。だが、「郵政民営化なんてやらせたら、この地域を含めて日本中の地方が滅茶苦茶になる。だから選挙とは関係なく俺は反対する。それが嫌なら応援してくれなくて構わない」と俺は宣言した。

ありがたいことに、後援会は一糸乱れず選挙をやってくれた。この選挙を前に綿貫さんと作った新党が「国民新党」だ。綿貫さんは「ミスター自民党」と言っても過言ではなかった。幹事長

や衆議院議長も務められ、派閥の領袖にいた方だし、富山県を自民王国にした功労者でもある。だから綿貫さんも俺も、好き好んで自民党を出たわけではない。小泉の常軌を逸した強引な手法に抗議し、仕方なしに自民党を出たのだ。

だが、いざ新党を結成しようという話になると、小泉と衝突した造反組さえ誰もついてこない。今思い返しても、本当に悔しい。最終的に参加したのは、俺と綿貫さん以外は亀井久興と、旧郵政省出身の長谷川憲正、民主党参議院議員の田村秀昭の3人だけ。ところが新党旗揚げ前日、綿貫さんが「亀ちゃん、やっぱり新党はやめよう」と冴えないことを言ってきた。引き返せない俺が「命を絶つ決断をしたんだ」と迫ったら、「そこまで言うんなら仕方ない」と納得してくれた。

国民新党結党後も綿貫さんは泰然としていて、俺の意思を最大限に尊重してくれた。物腰は穏やかな人柄だが、筋の通らぬことは頑として譲らない信念を持った方だった。綿貫家は富山の名家で、綿貫さん自身はトナミ運輸の社長を務めて上場企業に成長させ、井波八幡宮の宮司として最高位の神職にも就かれている。そういうバックグラウンドがこのような大人物を生み出したのだろう。選挙での最後は、'09年総選挙だった。綿貫さんを応援するため自民党を離党表明した後輩の河合常則参議院議員を思いとどまらせるため、選挙区からの出馬を見送り、落選覚悟で比例単独で出馬した。'16年にはようやく自民党から頼み込まれて復党された。それだけ自民党にとっても偉大な存在だという証明だ。

亀井久興

不思議な縁で結ばれた2人の「亀井」

亀井久興とは摩訶不思議な縁がある。何百年も遡ると、先祖が一緒なのだ。亀井家の遠い先祖の兄弟の末裔として、俺たちは永田町で出会うことになった。

ルーツは、室町・戦国時代の大名、尼子氏の筆頭家老だった亀井吉助に遡る。吉助には弟の新十郎がいて、兄弟で尼子氏に仕えていた。このそれぞれが、俺たち2人の先祖なのだ。

俺の先祖は、兄・吉助。毛利氏との戦いで尼子氏が滅び「二君に仕えず」として帰農した後、子孫は名字帯刀を許された。広い田畑山林を所有する名家の一つとなるが、幕末期には当主が武道に凝って道場を建てたり、武芸者を集めて散財したせいで、貧乏農家になってしまう。久興の先祖は、弟・新十郎。槍の名手として名を馳せ、秀吉・家康の両方に見出され、それぞれに仕えた。子孫は島根県の津和野城の殿様になった。

この兄弟の末裔が、400年後に共に国会議員として、郵政民営化反対で一緒に戦うというのは誰が予想できただろうか。俺が政調会長時代、久興を政調会長代理にした。普通なら、同じ派閥の者を代理に抜擢するところだが、先祖が同じということもあって彼を据えることにした。戦

国時代の主従関係を元に戻したかった……というのは冗談だが。

久興は、普段の口数は少ないが、内に情熱を秘めていて芯の強い男だ。日本刀のようにスッとしていて、さすが殿様の末裔と感じることがある。俺が国民新党を作れたのも、久興の強い決断があったからだった。何度も述べたように、'05年の郵政解散後、俺は自民党を離党して新党を作ろうと模索したが、参加に前向きだった議員もほとんどついてこなかった。

無所属で戦うのも仕方がないと思っていた矢先のある日、朝5時に突然俺の携帯が鳴った。声の主は久興だ。「地元に帰っても、新党の旗を立てないと、小選挙区での立候補すらできません。勝ち負けは別として、私一人でも新党を立ち上げて頑張ります」

久興の選挙区は島根県で、竹下登元首相のお膝元だ。選挙ではいつも竹下陣営と戦っていた。選挙区の地盤は、後継者である竹下亘が引き継いでいた。竹下や、側近・青木幹雄の影響力が強い保守王国・島根では、久興はとても当選できない。選挙で勝つには、新党を作って比例で当選するしか道がなかったのだ。久興の決死の覚悟を目の当たりにし、俺も一気に目が覚めた。その後、2人で綿貫民輔さんを口説き、新党結成に至った。

綿貫さんが一肌脱いでくれたのは、久興を救うためもあった。久興は綿貫さんが郵政の親分をやっていたときの片腕だったのだ。俺もあのとき久興の決断がなければ、無所属のまま戦っていたはずだ。比例で久興が当選したときは、男同士抱き合って喜んだものだ。

久興とは、もう一つ不思議な縁がある。俺には娘が2人いるが、久興にも2人の娘がいる。俺の娘は長女が亜希子で次女が真希子。久興の娘は長女が亜紀子で次女が万希子だ。お互いに示し合わせて娘の名前を付けたわけじゃないが、字は一字違いなものの、同じ名前なのだ。

その久興の長女・亜紀子にも力を貸してやったことがある。亜紀子はもともと久興の秘書をしていたが、'07年の参院選では国民新党の公認を受け島根県で出馬。民主党、社民党の協力を得て当選したが、'12年に俺と共に国民新党を離党した。俺たちと連立を組んでいた民主党の野田佳彦が、突如公約を破って消費税を増税すると言い出したからだ。

このとき、他の国民新党の議員たちは密かにホテルニューオータニに集まり、代表である俺を解任した。そして亜紀子も離党した。彼女はしばらく無所属で戦ったのち、民主党を離党した谷岡郁子や行田邦子らと「みどりの風」を結成した。だが、議員が移籍したり、総選挙で落選したりが続き、気がつけば亜紀子の他に谷岡や行田、舟山康江の4人しか残っておらず、政党要件を満たさなくなった。

党の存続が危ぶまれたとき、俺の事務所に亜紀子らがやってきて、みどりの風に入るよう頼んできたのも、谷岡郁子の項で述べた通りだ。亜紀子には共に国民新党を離党してくれた義理もある。そして何より、親父の久興とは一緒に戦ってきた仲だ。それで俺は、みどりの風に入ってやることに決めた。父親の久興から娘の亜紀子まで、俺たちが一緒に戦ってこれたのは、摩訶不思議な先祖の縁があったからに違いない。

武村正義

官僚時代の「裸の付き合い」

俺が埼玉県警捜査二課長に就任した'69年、着任直後、埼玉県地方課長に異動してきた役人がいた。自治省から埼玉県庁に出向中だった武村正義である。

この武村の異動は、俺の「籠絡」が目的だった。どういうことかというと、当時の俺は捜査二課長としてあらゆる事件を手がけ、検挙数も多かったので、埼玉県庁が震え上がっていたのだ。警察庁長官の後藤田正晴さんの命令すら無視し、田中角栄の「刎頸の友」といった大物も逮捕に踏み切っていた。警視庁も含め他県警の捜査二課は実績がなかったから、俺は県外にも出て容疑者を逮捕した。管轄外でも、工夫して関連づけさえすれば逮捕できる。警察庁長官賞は埼玉県警捜査二課が独占だった。

そこで武村を、俺の「宣撫要員」として寄越したわけだ。事実、武村からは接待漬けだった。しょっちゅう俺を群馬の温泉地に連れ出し、泊まりがけで、2人して女遊びだ。ただ、俺は奴の魂胆を分かっていたから、接待を受けても、あまり手加減はしなかった。

今だから言えるが、当時俺は県庁から裏金をもらっていた。捜査二課のカネがなくなると県の総務部長に電話をして、「カネがないんだ。ちょっと出してくれや」と言った。すると部長は何

千万円単位のカネを寄越した。恐喝みたいなものだ。俺はそれを自分のポケットに入れるわけではない。捜査は5人一組の班単位でやっていたから、成績を上げた班には休暇を与えたうえ、その裏金を使って海外旅行に行かせた。するとみんな張り切り、休日返上で内偵をし、容疑者を見つけては捕まえる。検挙実績も上がっていった。

課長の俺はというと、夕方から西川口のソープランドに入り浸っていた。捜査二課担当の新聞記者たちも、俺に会わないとネタが取れないからソープランドに来る。記者たちは、好きな女性と浴室へ消えていく俺を羨ましそうに見ているから、「じゃあ、お前もいけ」とカネを払ってやった。我ながらひどいが、そんなことばかりしているから、俺のことはどの記者も書けなかった。ソープランドには武村も当然来て、一緒に遊んでいた。

武村は'71年、八日市市長選挙に出るといって自治省を辞めた。俺はみんなを集めて送別会をしてやった。俺と女遊びばっかりしていたやつが「改革派」と称して市長選に出るんだから、笑ってしまった。とはいえ、もともと自治省に入るくらい優秀な男だし、何より野心家だった。その後、国政に転身したのは当然の成り行きだろう。

武村が滋賀県知事を経て、'86年に衆議院選挙で初当選すると、俺と同じ清和会に入ってきた。鳩山由紀夫ら派内の若手を集めて「ユートピア政治研究会」というグループを作った。宮澤内閣が不信任決議されると自民党を飛び出して「新党さきがけ」を結成し、その代表に就いた。この時、俺とは長い付き合いにもかかわらず、武村からは一言の相談もなかった。一緒に離脱した園田博之たちとはいつも一緒に麻雀をやっていたにもかかわらず、彼らからも一言の相談もなかった。全くもって仁義なき野郎どもである。

しかし、10人ほどの小さい政党ながらもそれをまとめ上げたのは、武村の人柄の良さがなせる業だったと思う。そして武村は細川内閣を作る。細川は、担ぐにはちょうどいい御輿だったのだろう。連立政権ではうまいことキャスティングボートを握り、官房長官になった。当選わずか3回で官房長官というのは、自民党にいたらありえないことだった。

武村は、俺が社会党と組んで政権を奪還した時には、ちゃっかり付いてきて大蔵大臣に就任した。「自社さ」連立政権とはいうものの、本当のところ、さきがけなど刺身のつまに過ぎなかったのだが、間隙を突いてきた。こうした世渡りの上手さでは、武村の右に出る者はいない。それができたのは、周りに敵を作らなかったからだろう。ムーミンパパと呼ばれるほど穏やかな外見ながら、野心家で血の気も多い。なかなかの人物なのだ。

政局を仕掛けるのが好きなところは、武村は俺と似ていた。なにせ裸の付き合いをしていたから、それだけの絆もあった。ただし、政治的な話をした記憶はほとんどない。武村は、'90年代前半の日本政治の激動期に、ぴったりハマった役者だった。

桜井 新

全身火の玉「一匹狼」の盟友

環境庁長官を務めた桜井新とは、奇妙なほど政治判断がピタッと一緒だった。

俺が「この野郎けしからん」と思えば、あいつも同じことを思う。あいつの方も、俺をけしかけるのだ。「おお、亀ちゃん。総務会へ押しかけよう！」。総務会のメンバーでもないのに乗り込んで、党の決定に抵抗する。切り込み隊長だ。誰に対しても、おかしいことにはおかしいと主張せずにはいられない人間なのである。

清和会でも一緒で、福田赳夫さんや安倍晋太郎さんといった清和会トップのところへも一緒に押しかけたものだ。強いものに媚びることを何より嫌っていた。その姿は「月に向かって吠える狼」そのものだった。そんな勇気のある奴は、他にはいなかった。だが、新ちゃんが当選してきた経緯を見れば、そもそも並みでないことがわかる。

もともと新潟では田中角栄さんの後援会「越山会」の青年部長をしていた。それなのに角栄さんに反旗を翻して、同じ旧新潟3区から無所属で立候補した。俺が初当選した'79年の総選挙である。僅差で落選したものの、翌年行われた総選挙で初当選を果たす。ロッキード事件の後だったとはいえ、角栄さんの力は依然として絶大だった。そんな相手と真っ向から戦って当選してきたのだから、恐れ知らずといっていい。あの角栄さんと喧嘩するというのは、並大抵の度胸ではない。凄まじい男だった。

俺も初選挙では宮澤喜一さんを相手に、「絶対勝てない」と言われた選挙を勝ってきたし、お互い似た部分があったのだろう。ただ、俺は平沼赳夫や石原慎太郎とも仲がいいが、新ちゃんのほうは彼らとは合わなかった。一匹狼で、徒党を組むような奴ではなかった。

自社さ政権樹立のときも行動は一緒だった。社会党と手を結ぶという突飛な考えだったが、新ちゃんも全く同じように考えていた。社会党側では野坂浩賢、党内では桜井新。この2人の盟友無くして村山政権は誕生しえなかった。戦闘力のある人が一緒だったからできたのだ。村山内閣では、環境庁長官として初入閣する。ところが閣議後の会見で、「日本は侵略戦争をしようと思って戦ったのではない。日本だけが悪いという考え方で取り組むべきではない。アジアはそのお陰でヨーロッパの植民地支配からほとんどの国が独立した。教育の普及やインフラ整備にも努めた」と発言したことが問題となった。

自分が作った政権に迷惑は掛けられないと、新ちゃんは俺たちが引き留めるのも聞かず、就任からわずか2ヵ月で潔く辞任した。もし続けていたら、桜井新の真骨頂を発揮し、史上最強の環境庁長官として類い稀な成果をあげたに違いない。今思い返しても残念だ。

俺が清和会を離脱したときも、新ちゃんは一緒だった。「志帥会」（江藤・亀井派）を一緒に立ち上げたが、肝心の新ちゃんが'00年の総選挙で落選。江藤・亀井派にとって大きな痛手となった。翌年の参議院選では全国比例に回り国政復帰を果たす。

郵政解散で、俺が国民新党を作ったときはついてこなかった。全国比例に回っていたといっても、地盤は新潟。後援会が譲らなかったからだ。そして'07年の任期満了で政界引退を決意した。「ふるさと新潟にとって不利になることはできない」と言って、自民党からの離党を思いとどまったのだ。自分の思いでなく、地元への思いを優先したわけだ。'96年の総選挙でもそうだった。小選挙区が導入され、自身の選挙区だった新潟5区を角栄さんの娘の眞紀子に譲って、自分は2区への鞍替えを了承している。

新ちゃんは'17年に亡くなった。地元・湯沢町で900人が参列したお別れの会では、「新ちゃん、あんたもとうとう逝ってしもうたな」と別れの挨拶をした。寂しくてしょうがなかった。

遺影写真は、本当に素晴らしい笑顔だった。政治家のときとはまったく違う、愛に満ちた姿がそこにはあった。地元ではセメント会社やお米の会社など、たくさんの会社を持つ事業家という一面もあった。そこでは政治家・桜井新とは全く違った一面を見せていた。

永田町では鼻息荒い姿しか記憶にない。とにかく常に燃えていた。全身火の玉だ。俺が'17年に政界引退をしたとき、「暴れ回る相棒、同志がいない」と言ったが、そのとき真っ先に名前を出したのは新ちゃんだった。ああいう男が現れることは二度とないだろう。

佐藤公治

親父さんの代から因縁深い「後継者」

’17年10月、俺は政界から身を退くと決めた。俺のあとを受けたのが、衆議院議員の佐藤公治さんだ。親父さんの代から、彼とは因縁がある。親父さんとは、自民党で農水大臣などを歴任した佐藤守良。旧田中派で「角栄七奉行」の一人と言われた保守本流の政治家だ。同期当選の小沢一郎と共に行動し、自民党離党後も新生党、新進党と渡り歩いて、政界再編の表舞台と裏舞台で活躍した。中選挙区制時代には、同じ選挙区で鎬を削った。

当時の旧広島3区（現在の広島6区と7区）は、宮澤喜一元首相の強固な地盤で「宮澤王国」だった。’79年に俺が初出馬した時には自民党から宮澤喜一と佐藤守良、公明党から古川雅司、民社党は岡田正勝、さらに社会党の小森龍邦もいて、俺の入る隙は一切なかった。

宮澤さんは神様のようなものだ。俺が対等に戦えるのは佐藤さんしかいない。俺が福田派だったから、世間では「角福代理戦争だ」と注目されたが、地元の県会・市会議員、市町村長は宮澤・佐藤支持で固まっていて、俺は泡沫としか見られていなかった。佐藤さんはよき先輩だったが、このときばかりは生死をかけた戦いを繰り広げた。一軒一軒地道に回って訴えた結果、なん

とかギリギリの最下位で初当選できた。

'93年の総選挙まで、佐藤さんとは6度にわたって仁義なき戦いをした。その時佐藤さんがいつも、息子の公治さんを同行させていたのを覚えている。公治さんは慶應大学を出て電通に勤務後、親父さんの秘書となる。当時は穏やかで人柄の良い子という印象しかない。

しかし'96年に佐藤さんが他界すると、公治さんが父の遺志を継いで衆議院選挙に出ることになった。同年から小選挙区制が導入され、旧広島3区は6区と7区に分かれた。そこで俺は6区で彼と戦うことになる。親子両方と対峙するとは、いやはや因縁と言うしかない。

その頃の俺は、自社さ政権の樹立を成し遂げ、運輸大臣などの要職を歴任し、党内でも一定の存在感を持つようになっていた。親父さんの強力な地盤を引き継ぐ公治さんとはいえ、実力差は大きかった。郵政選挙までに4度戦ったが、いずれも俺が制し、彼は比例当選だった。

俺と公治さんにとって最大の事件は、やはりその郵政選挙だ。自民党を飛び出した俺は、綿貫民輔さんらと一緒に国民新党を立ち上げ、選挙戦に挑んだ。郵政族の公治さんも郵政民営化には反対していたが、'03年の民由合併で民主党入りしていたから、民主党候補として出馬することになった。そこにやってきたのが、先にも出てきた堀江貴文だ。

俺と公治さん、堀江の三つ巴の戦いだったはずが、メディアは連日、亀井とホリエモンの一騎討ちとして報じた。このとき俺を応援してくれたのが、前の選挙まで公治さんを応援していた、地元の郵便局で働く人たちだった。ともかく、「郵政民営化賛成派には、絶対に勝たせない」という思いがあったに違いない。公治さんは俺と堀江の対決で脇役に追いやられ、埋没してしまった。選挙の結果、俺は勝ち、堀江は落選。公治さんもかなりの票を取ったものの、落選してしまった。気の毒ではあったが、これが因縁の転機となった。

　その後、俺と小沢が手を結んだことで、国民新党と民主党は連携することになった。長きにわたる亀井・佐藤戦争は、これで終わりを告げた。そこからは互いの後援会が手を結んだ。公治さんは'07年の参院選で参議院に鞍替えし当選。国民新党と民主党で政権交代を成し遂げるため、欲や感情を排して選挙協力に徹してきた。'14年の衆議院選では俺の選挙対策本部長として陣頭指揮を取り、一心同体となって戦ってくれた。

　ところが'17年の衆院選では、俺に断りなく、小沢の自由党から出馬すると表明した。複雑な心境だったが、小沢が勝手に公治さんの出馬を決め、公治さんはやむをえず応じたことが後で分かった。公治さんはそれまで、俺のために衆議院への未練を断ち切り、ずっと支援してきてくれた。そんなときに俺が出馬すれば、傷つくのは彼だ。俺が政界から退く決断をしたのは、そんな理由もある。

　彼なら、俺の後継として申し分ない。若さもあるし志もある。広島の人々の幸せのために、汗をかいてくれるだろう。

能勢和子

誰もが瞠目した、小池百合子との闘い

忘れられない国会の「肝っ玉母ちゃん」が能勢和子だ。いつも派手な黄色の服を着て堂々と国会を闊歩し、誰かと会えば先輩だろうが後輩だろうが気さくに声をかける。恰幅の良い見た目と男勝りの負けん気の強さで、自民党内でも慕われていた。能勢は政界とは無縁だったが、'96年の衆院選で俺が白羽の矢を立てた。この時は初の小選挙区比例代表選挙で、自民党の組織広報本部長（現在は選対本部長）だった俺が、選挙を取り仕切ったのだ。

小選挙区の候補者調整は予定通り進んだが、比例区は人材発掘に難儀した。選挙の責任者としては、絶対に勝てる人材を探さないといけない。やる気があって現場を知っている者が必要だ。加えて、これからは女性活躍の時代だと言われるようにもなっていたから、女性ならなおいいと思った。党内の女性議員や各県連に相談したところ、広島市内の病院に勤める看護師に適任者がいるという報せを聞いた。それが能勢だった。

彼女は高知赤十字高等看護学院を卒業し、高知赤十字病院を経て、広島県内で看護学校の教員などを数十年間務めていた。育ちは決して裕福ではないが、そういう奴ほど有権者の気持ちが細

やかに分かるものだ。人の痛みが理解できる政治家になれるだろう。すぐ自民党本部に呼び、中国ブロック比例代表での立候補を頼んだ。

彼女自身、選挙に負ければ失業する状況だったが、捨て石になる覚悟で出馬を了承してくれた。当時の自民党中国ブロック比例候補には、桜内義雄や林義郎、谷川和穂など錚々たる重鎮がいたが、退路を絶った能勢に応えてやりたかった俺は、独断で彼女を単独1位に指名した。

無事に初当選を遂げた能勢は、介護保険法、臓器移植法、健康保険法、男女雇用機会均等法と、あらゆる政策に取り組んだ。特に'97年に成立した介護保険法では、1年生議員ながら、当時厚生大臣だった小泉純一郎に怯むことなく疑問をぶつけた。当初から介護保険法には反対だった俺は、自民党の政調会長として、高齢者からの介護保険料徴収を半年間見送らせることに決めた。厚生部会や衆議院の厚生委員会の連中がなんと言おうと貫いたが、能勢はそのとき俺の形相を間近で見て、政治とは何たるかを学んだことだろう。

俺は能勢が初当選した直後に、こう言ったことがある。「政治家には、血液を逆流させるくらいの情熱が必要だ。それくらいの覚悟でやってほしい」と。小渕恵三政権の党役員人事では、当選1期目ながら、俺は能勢を自民党の副幹事長に推した。副幹事長ポストは、「入閣の登竜門」としてそれまで男性議員が占めてきたが、これからの時代は、能勢のような女性の意見を党の政策に反映させる必要があるとみていたからだ。

副幹事長として研鑽を積んだ能勢は、小泉内閣で環境大臣政務官に抜擢された。そのまま経験を積めば、間違いなく数年で閣僚になったはずだ。しかし残念ながら、郵政民営化の政局が起こる。大臣政務官である能勢は、法案には反対していたものの、政府与党の一員として判断に悩んだ。彼女が有力な支持母体とする日本看護連盟は、清和会との関係が深く小泉とも近い。能勢は板挟みに遭った精神的ストレスから眼に病を患い、地元広島の病院に通院するようになり、ついには離党を決意した。

能勢が辞表を渡したのは、環境大臣だった小池百合子だ。すると小池は、「そんなものは受け取れない！」と辞表を床に投げつけ、「あなた、仕える親分を間違えたわね！」と吐き捨てたという。

この瞬間、能勢はブチ切れた。当初は病気を理由に本会議を欠席するつもりだったが、出席し、反対票を投じることにした。そうすれば次の選挙で公認を得られないことは分かっていた。しかも、比例区の能勢は辞めればもう戻って来られなくなる。それでも、自分の信じる道を選んだのだ。他の連中は「刺客」を立てられるんじゃないかとビクビクしてばかりだったのに、本当に肝の据わった決断だった。

案の定、能勢は罷免され、その後の選挙にも出馬することなく政界を引退した。しかし、俺は思う。あの時の能勢の意志の強さが、今の政界で女性議員たちが活躍する礎となったに違いないと。知る人ぞ知る政治家だが、彼女の見識と胆力を俺は生涯覚えているだろう。

村越祐民

小沢一郎に刃向かった男のその後

太閤秀吉の家臣・石田三成は、決して派手なことをするわけではないが実務能力が抜群で、才能を高く評価した秀吉に重用された。元民主党衆議院議員で、いまは地元の千葉県市川市長をやっている村越祐民も、そんな三成のような男だと俺は思っている。見た目は地味で真面目で、コツコツ取り組む実直な奴だ。だから俺も長年目をかけてきた。

初めて村越に会ったのは、たしか'03年のことだ。大学院在籍中に千葉県議となっていた村越は、その年の総選挙に千葉5区から民主党公認で出馬、29歳の若さで初当選して、県内最年少の衆議院議員の記録を塗り替えた。次の総選挙では落選したが、浪人中も毎日のように辻立ちをしていたらしく、民主党ブームが巻き起こった次の'09年総選挙で復活した。地道な活動をおろそかにしなかったからこそ、当選できたんだろう。

村越にはやんちゃな一面もあり、俺はそこをこそ買っている。民主党政権下、当時幹事長だった小沢一郎が自らの資金管理団体「陸山会」をめぐる政治資金規正法違反事件で追及されたとき、村越は、民主党内にあってすぐに小沢批判を始めた。周りの連中は小沢が怖くて何も言えないのに、肝がすわった奴だと俺は驚いた。市川市のお隣、浦安市の市長だった松崎秀樹ともしょっちゅうケンカしたし、ほかにもたくさん世話を焼かされた。

でも、俺はそういう跳ねっ返りで骨のある政治家が好きだ。感心したのは、'17年に市川市長選への出馬を決めたときだ。村越は俺も所属した死刑廃止議連の事務局長を務めていたが、出馬表明直後、俺の事務所に、議連の会費を積み立てている銀行通帳や印鑑などを一式持参した。所属する議員の中には、積み立てたこのカネをあてにして、議連の活動と関係のないことをやろうとする連中もいた。しかし、それを村越は「次の事務局長に引き渡すまではダメだ」と止めていた。並の政治家なら、ちょろまかして自分の市長選に使ってもおかしくない。それを村越は、会長の俺に返還するのが筋だと、わざわざ自分で持ってきた。

そういう態度が有権者にも伝わったんだろう。村越は市川市長に当選した。市長になって約1年後、公用車にテスラ製の高級電気自動車を導入したことで「税金のムダ遣いだ」と批判も受けたが、俺は間違った選択ではなかったと思う。市川市では同時に、生ゴミを利用したバイオマス発電など新エネルギーの利用も進めていて、それを役所が率先して試してみる意味があったらしい。環境問題への関心の高まりからも、悪くない政策だ。

要するに、政治家が新しいことに取り組むときには、何をしたって必ず批判が出るのだ。悪口を言われて初めて本物、という商売だ。逆風を恐れない村越のような男が市長になったのは、市川に住む人たちにとっても幸せなことに違いない。

斉藤鉄夫

敵味方を超えて分かり合える後輩

広島で生まれ育った俺が上京したのは16歳の時だ。通っていた修道高校を退学となったからだ。高校1年の3学期、通学定期券を買うのに必要な通学証明書をそれまで無料で出していたのに、今後は金を取ると学校が言い出した。俺は烈火のごとく怒り、ガリ版の抗議ビラを自分で刷って、校門で一人で配った。すると、担任の先生が「亀井君、理事会で『赤い学生は辞めさせないといけない』という話が出ている。そうなったら傷がつくぞ」と言う。親切で言ったんだろうが、俺は「わかりました。もうこの学校にはいられません。やめます」と啖呵を切った。兄貴を頼って、翌日すぐに東京に向かった。

そんな苦い思い出のある修道高校で、俺の15年後輩にあたるのが公明党の斉藤鉄夫さんだ。斉藤さんは'93年の総選挙で旧広島1区から出馬し、初当選した。当時は自民党が下野し、公明党は細川連立政権の一員として与党になったばかりだった。俺は細川政権を潰すため、ありとあらゆる手を使った。その一つが与党の一角、公明党叩きだ。予算委員会で「公明党とその支持母体である創価学会の関係は、政教分離原則に違反している」と批判した。

そんなある日、「面会したい」とやってきたのが、当時まだ新人議員だった斉藤さんだ。他の議員は俺に面と向かっては何も言ってこなかったが、高校の後輩ということもあり、自分が亀井に物申してやらねばという思いがあったのだろう。斉藤さんは穏やかに、自分たちの考え方や、政教分離原則の違反には当たらないことなどを語った。それを聞いて、考えは違っても、ちゃんと向き合って語り合えば分かり合えると感じた。

それから、斉藤さんとは折に触れて話をする仲になった。もっとも、俺が展開した公明党批判はその後何年にも及んだから、公明党とは完全に敵対することになった。そんな「政敵」の関係になってからも、彼は先輩ということで、いつも俺を立ててくれた。

'99年に自自公連立政権が誕生すると、俺たちは一緒に政権を担った。'00年、'03年の総選挙では、彼は俺の地元に入り、俺の妻と一緒に街頭に立って、「選挙区は亀井静香へ、比例は公明党へ」と声を張り上げてくれるまでの関係になった。ただ、それも長くは続かない。郵政解散で俺は自民党を飛び出し、斉藤さんは与党、俺は野党と、再び対立陣営で戦うことになってしまった。

そこからはすれ違いが続き、'09年に誕生した民主党政権では、今度は俺が与党で、斉藤さんが野党になった。その時、斉藤さんには、ずいぶん世話になった。俺が郵政民営化を食い止めるべく「郵政改革法案」を提出し、成立を図ったものの、参院選での民主党大敗後「ねじれ国会」に突入してから審議が進まなくなったのは、何度も述べた。そこで俺が頼ったのが、公明党の幹事長代行だった斉藤さんだ。

東日本大震災の直前、'11年2月のことだ。俺は斉藤さんの事務所に出向き、法案への賛成をお願いした。そしてこう言った。「（郵政）改革法案には、簡易郵便局のことが書かれていない。山間の僻地で地域の核となって頑張っているのが簡易局だ。これをきちんと法的に位置付けたい」。俺の言葉に、その場で斉藤さんは「何としても成し遂げる」と応じ、さっそく奔走してくれた。俺も斉藤さんも、中国山地の貧しい地域に生まれた。田舎から郵便局がなくなってしまうことがいかに大変か、人一倍理解していたんだ。

斉藤さんは自民党側のメンツも保てる折衷案を「公明党案」として作ってくれた。それでも自民党内で反対論が止まなかったため、斉藤さんは最終段階で、「自民党が賛成しないなら、公明党単独でやる」と一喝。これにより、無事に合意を取り付けられた。この難事業を1年がかりで実現してくれた斉藤さんは、日本の郵政を守った功労者といえる。

斉藤さんという人物を一言で言うと「亀井静香の逆」、つまり穏やかな人格者である。それは顔に全部現れている。一目見てもらえばわかるが、仏様のような人だ。

今や、公明党は自民党政権にとって欠けてはならない存在になった。その公明党の屋台骨を支えているのが、'20年から党の副代表を務めている斉藤さんだ。だから斉藤さんの存在は、今の日本にとって重要だ。何事にも誠実な彼だからこそ、それほどの重責を担えるのである。

篠原 孝

裏方に徹する、こんな議員が今もいる

俺は以前から「野党統一構想」を掲げて動いてきた。その意を汲み、ずっと裏方として汗をかいてきたのが篠原孝である。玉木雄一郎、大塚耕平と並び、俺が可愛がっている野党の「三銃士」の一人だ。篠原は遅咲きで、55歳のとき民主党から政界入りした。真面目で頭が良く勉強熱心な男だ。農水省の官僚出身で、疑問があれば自分で調査し、分析しながら結論を出すという学者肌で、さながら江戸時代の農政学者・大原幽学のようだった。

彼の存在を知ったのは、俺が国民新党で民主党や社民党と連立政権を組んだ時だ。鳩山政権のもと、俺は通称モラトリアム法案を作ったが、反対者が多く、当初は総理の鳩山さえ成立に難色を示し、四面楚歌だった。副大臣だった大塚耕平が徹夜で法案の中身を作り、尽力してくれたものの、法案を通すには財務金融委員会で野党を納得させないといけない。ここで人一倍骨を折ってくれたのが、委員会の与党筆頭理事だった篠原である。

与党の筆頭理事は、政策通でないと務めるのが厳しいものだ。当時3回生の若輩議員だった篠原がさばくのは並大抵のことではない。だが篠原は俺の意を汲み、政策の本筋を理解し、周りを

説得していった。俺は彼の能力や将来性を感じて目をかけるようになった。篠原もことあるごとに俺に相談するようになり、師匠と弟子のような関係になった。

彼の地元である長野には、選挙で何度も応援に入った。驚かされたのは、篠原が演説会で支援者に自作の分厚い政策集を配付していたことだ。支援者たちは、そのペーパーを見ながら奴の話を熱心に聞いている。そこには、篠原の政策以外にも、さまざまな分析データが細かく書かれている。その「分析魔」ぶりに、つくづく意識の高い政治家だと感心した。

俺と同じようにTPPに反対派で、原発も反対。集団的自衛権行使などもってのほかで、地方を大事にする。己の信念を曲げない部分でも好感を持った。'12年12月の総選挙で民主党が大敗すると、自民党が与党に返り咲く。俺は、もう一度野党再編して政権交代をしなければいけないと考えた。篠原に、先導役として野党統一のために動けと命じた。

「かつて俺が成し遂げた自社さ政権のように動け。まず民主党を離党し、小さな政党に入るんだ。その党を潤滑油にして、野党を結びつけて統一に向かえ。野党統一をしたら、自民党の中にもいる反安倍勢力と結託すれば、必ず政権交代はできる。小が大を飲み込むんだ」

こう叱咤激励した。篠原は選挙区の情勢を自ら分析し、必死に周りを説得したが、最後に岡田や民主党の幹部らが日和り、実現できず参議院選に突入した。うまくいけば、1人区では半分以上勝ち、参議院は逆転して政権交代も可能だったはずだ。今も篠原は、野党統一実現に向けて必死だ。篠原は庶民のために汗をかける大塩平八郎のような存在だ。

今村洋史

真っ直ぐすぎて政治に向かない政治家

今村洋史は衆議院議員を1期務めただけの元職だ。’21年の衆院選で東京15区から出馬したが、それまでほとんどの読者はご存知なかっただろう。だが、俺にとっては見所のある男で、かねて親交を持っている。彼は石原慎太郎や平沼赳夫が作った「たちあがれ日本」に入党し政界入りした。たちあがれ日本は橋下徹率いる日本維新の会と合流し、今村は維新から’12年の総選挙に出て初当選した。

俺が今村を知ったのはその直後だ。当時維新に所属した衆議院議員の西村眞悟を通じて「亀井先生に会いたい」と言ってきたのだ。赤坂の料亭で会ったとき、彼は若手議員の仲間5〜6人を連れてきて、日本はどうあるべきかについて熱く語り、色々と質問をしてきた。今村は埼玉医科大学を出て整形外科医となったが、大学病院で同僚と諍いを起こし、精神科へ転科。勤務医をしたあと、新しく病院を建てようとしたがうまくいかない。恩師の紹介で愛知の病院を引き継ぎ、現在はその精神科「いまむら病院」で院長を務める。医者としては相当な苦労人だ。

医師のかたわら石原の著書を愛読し、尖閣諸島などの領土問題や日本の先行きに今村は懸念を抱いた。政治家になろうと考えた契機は、民主党政権に危機感を持ったことだという。連立与党だった国民新党の街宣車を銀座で見て「国民新党は民主党とは違う。内閣にいながら自分たちの主張を貫く亀井静香とは、どういう政治家なんだ」と思い、俺と会いたがったのだ。

最初の印象は、とにかく真面目、青竹を割ったような男だった。国家観や歴史観も俺に近いものを感じたから、'14年の選挙前、新党立ち上げを画策した俺は、一緒にやろうと持ち掛けた。「ぜひ参加させてください」と即答してくれたが、残念ながら新党の構想は着地せず、今村は準備不足から選挙にも出られずに終わった。その後は自民党に入党し、'17年の総選挙には比例で出たが落選。結局、1期を務めただけだ。

正直に言うと、今村のような純粋すぎる男は、ほんとうは政治家には向かない。かといって、彼のような人間に、汚れ仕事をさせるのがいいとも思えない。今村は国士だが、自分の理想ばかり言いすぎるきらいがある。ある時、彼が俺の事務所にやってきて、政権批判を繰り返した挙げ句「私は政治には向いていない。テロリストになる。死ぬ気なら一人くらい殺せる」と嘯《うそぶ》いた。俺は思わず大声で「だったら一人で死ね」と一喝した。

政治で国を変えるには、選挙で勝ち上がり、政権を取って権力をつかまなくてはならない。俺は一度も負けることなく当選を続け、政権を取るために自社さ政権、民主党政権などあらゆる策を使ってきた。それこそ清濁併せ呑むからこそできたことだ。ただ主張するだけでは現実は変わらないのである。今村は、国を想うその真っ直ぐな心を、何かしら別の道で活かして欲しいと願ってやまない。

荒井正吾

実力豊かな「くせ者官僚」

奈良県知事を務めている荒井正吾は、もとは運輸省の役人出身だ。出会いは俺が運輸大臣に就任した'94年だった。その前年に自民党は初めて下野したが、俺が社会党を抱き込んで自社さ政権を作り、政権与党への復帰に成功した。そして誕生した村山内閣で、俺は運輸大臣として閣僚の一角を担うことになったわけだ。荒井は当時、観光部長で、将来の事務次官候補と目されるエリート官僚だったが、第一印象は最悪だった。

大臣に就任してすぐのこと。省内で荒井を見つけた俺は、おもむろに「お前が荒井か」と呼び止めた。運輸省は自民党が下野している間に、すっかり非自民政権の傀儡になっていた。理由は二階俊博だ。後に自民党の大幹事長として政局を牛耳る二階は、言わずと知れた運輸族議員の代表格だった。二階は小沢一郎とともに自民党を離党して新生党を作り、細川連立政権で運輸政務次官をやっていたが、やがて族議員の枠を超えて大臣並みの力を発揮するようになった。その二階に重用された官僚の筆頭格が荒井なのだ。

俺はそれを知っていたから、立ち止まった荒井に「お前が二階の子分か」と言った。すると本

人はそんなつもりはなかったのか、きょとんとしている。俺はさらに畳み掛けた。

「役人の分際で何事だ。二階ごときの子分になって走り回っているとはどういうことだ！　官僚ごときが政治家風情か。けしからん。お前はクビだ！」

俺は本気で荒井をクビにするつもりで、大阪で開催が決まっていた世界観光大臣会議の事務局をやらせた。観光がまだ、世の中でそれほど重要な位置を占めていなかった時代だ。当時の観光関連予算など、ほんの30億円程度だったから、国際会議を開こうにも予算がない。参加国が多ければ多いほど成功と言えるが、そうすると当然、必要なカネは膨らむ。どうせ、うまくできっこないと俺は思っていたんだ。しかし、荒井は知恵をめぐらせた。正面から大蔵省に予算を要求しても無駄だから、民間からカネを集めることにした。

さらに、それだけでは足りないと、あらゆる団体を回って説得した。こうして大阪で開催された会議は１００ヵ国近くが参加する大盛会となる。この成功は、荒井の力なしには考えられなかった。荒井は俺から罵倒されながらも、一切不満をこぼさず、黙々と仕事をやり遂げた。その姿を見て、「こいつは本当に仕事ができる」と感心し、考えを改めたのだ。

会議の後、荒井に「お前はよくやっているな。首は繋げておいてやるよ」と言うと、彼は控えめに「ありがとうございます」と返してきた。その後、荒井は鉄道局審議官になった。出世コースから外れたと思い、一時は心配したが、最終的には海上保安庁長官まで出世した。そして退官直後、自民党政調会長をしていた俺のところに挨拶にやってきた。

それが、ただの退官の挨拶かと思ったら「今度の参議院選挙に出ます」と言うじゃないか。二階に出馬を促され、当時幹事長だった運輸族の古賀誠に面倒を見てもらうことになったそうだ。当選後は古賀のいる宏池会に入ったので、俺との接点はあまりなかったが、歴代の運輸大臣に可愛がられたのは、荒井の能力と謙虚な人柄のなせることだろう。

荒井は'01年から参議院議員を1期やると、'07年に奈良県知事選に立候補した。もともと行政のプロだから、議員として一兵卒で終わるより、首長のほうが適性にも合っている。今や、4期目を務めるまでになった。

一緒に働いて俺が感じたのは、荒井にはどこか役人離れしたアイデアや懐の深さがある。だから運輸省時代には二階から重宝されていたし、今は県民から支持されているんだろう。あいつは体もデカイが態度もでかいんだ。今思えば、初対面で俺が「役人のくせに偉そうだ」と荒井を叱ったのは、そのせいだったのかもしれない。

俺は最近、再生可能エネルギー事業に注力している。その一つが奈良県五條市で始めるバイオマス発電だ。バイオマスは森林保護の観点からも地域への貢献につながる。10メガワットの発電所を作る事業で、吉野の山から出た端材や廃材も燃料に使う。そこでは荒井も協力してくれている。

お互い立場が大きく変わっても、こうして縁が続くのはとても嬉しいことだ。

佐藤静雄

亀井大臣の手足になった苦労人

第2次橋本内閣で建設大臣を務めたとき、俺は無茶だと思われた改革をいくつも推し進めた。俺の手となり足となって実務を担ってくれた男が、佐藤静雄だ。いぶし銀のような男で、非常に控え目だったが、実務能力に長けていた。役人からも人望があった。

佐藤は、北海道のニセコ町出身。大学卒業後に、福田赳夫の事務所で秘書として働いた。当時、福田事務所では小泉純一郎も働いていた。33歳で郷里に戻ると、'83年の総選挙で北海道1区から初出馬。福田さんが創った清和会には新人候補の町村信孝がいたため、佐藤は中曽根派の幹部だった渡辺美智雄を頼ることになった。しかし清和会の応援を得られなかったことから落選、次の総選挙でようやく初当選を果たした。その後も落選と復活を繰り返し、なかなかの苦労人だ。

佐藤というと真っ先に思い出すのが、'96年に長野県・蒲原沢《がまはらざわ》で起きた土石流災害だ。死者14名、負傷者9名という大惨事だった。現地では、前年夏にも集中豪雨災害が起きており、その復旧工事に多くの作業員が従事していたところを、土石流が襲ったのである。

建設大臣だった俺は、急いでヘリコプターで現場に向かったが、到着して目にしたのは痛ましい光景だった。多くの作業員たちが土砂に埋まっている。一刻も早く助けねばいかんと奮い立ち、陣頭指揮を取った。俺は3日間現場にいたが、3日目になってもすべての遺体を発見することができず、俺は焦った。緊急の閣議のため、どうしても東京に戻らねばならなかったからだ。そこで政務次官の佐藤を呼び出し、彼にすべてを託した。

佐藤は10日間、現場で寝泊まりしながら徹夜で指揮し、すべての遺体を探し出すために一心不乱に動いた。徹底的に捜索した努力は実り、すべての遺体を発見することができた。もし佐藤が音を上げていたら、不可能だったはずだ。

建設大臣として、ダム事業の中止や休止の決定もした。それも俺が佐藤に指示し、彼が動いてくれたおかげで実行できた。業界団体からの反発をものともせず、実直に動いてくれた。道路公団改革でも、佐藤が門番のように立ちふさがってくれた。

佐藤と同じように、俺を支えてくれた河川局長の尾田栄章も忘れられない。自然のせせらぎを残す河川改修をするよう指示すると、尾田はすぐに省内をまとめ、その通りに動いてくれたのだ。尾田は退官後、河川環境保全のNPO法人を立ち上げ、震災後には自ら志願して被災地・福島県の任期付き職員として広野町役場に勤務した。

佐藤や尾田のように己のポリシーを持ち、二人三脚で実直に動いてくれる有能な部下がいたからこそ、数々の改革を実現することができた。2人には感謝してもしきれない。

小沢一郎

3度目の政権交代を見るまでは

長い政治生活の中で、俺にとって最も因縁深い政治家が小沢一郎だ。

小沢とは「手を結んで、喧嘩して」の繰り返しだった。最初に手を結んだのは、小渕恵三政権下の自自連立だ。先述したように、このとき参議院は野党多数のねじれ状態だった。そこで自民党が狙いをつけたのが公明党だ。だが、いきなり創価学会が母体の公明党とは一緒になれないと、まずは小沢が率いる自由党と連立を組み、公明党も引き込む算段になった。官房長官の野中広務は小沢を嫌っていたので、俺が仲介役で働いた。

小沢を「悪魔」と呼んでいた野中に「小沢さんにひれ伏してでも協力を仰ぎたい」とまで言わせ、'98年8月、高輪プリンスホテルで小沢と直接会談させた。野中が「過去にいろいろありましたが」と言いかけると、小沢は「もういいじゃないか、過去のことは。それより政策をやろう」とさえぎった。それを機に、翌年1月から自自連立が始まったのだ。

翌年10月には、公明党も加えた自自公連立政権が発足するが、今度は小沢を説得するのが大変だった。小沢は、２００あった衆院比例の議席数を50議席削減せよと強く求めた。比例頼みの公明党がのめる案ではなかった。野中らと小沢を説得しに行ったら、小沢は「後から来た公明党を優先するとはなんだ。このままでは自民党は創価学会に全部やられるぞ」と凄んできた。協議は膠着し、連立離脱をちらつかせる小沢に自民党内は辟易とし始めた。俺は「前年野中と3人で自自連立の話をした時は、定数削減の話は出なかったはずだ」と言ったが、小沢は「いや、最初から大問題だった」と譲らない。「将来の日本のために、過去を水に流して力を合わせようと言ったじゃないか」と説得する俺を、不服そうに見つめる小沢の表情は忘れられない。

次に浮上してきたのは、自民党と自由党との合併、自自合流だ。小沢は対等合併を主張する。俺もその方針で動き、いよいよ小渕首相も決断したはずだった。ところが、土壇場で小沢が態度を豹変させ、合流は幻に終わった。小沢と一切の連絡が取れなくなったんだ。小沢の悪癖は、都合が悪くなると連絡がつかなくなることだ。小渕さんと小沢の党首会談は物別れに終わり、自自公連立はわずか半年で幕を閉じた。

小沢と再び手を結ぶことになったのは、俺が自民党を離れて国民新党を作ってからだ。最大野党の民主党と連携し、'07年の参院選では野党勢力が勝利した。次の衆院選が勝負だ。小沢は俺に電話してきて「大胆な選挙協力をしようじゃないか。亀井さんが持っている郵政の票を全部くれるか」と言った。その代わり、国民新党の旗印である郵政民営化の見直しを公約に入れるという。俺は小沢の条件を呑んだ。

ところが、政権交代が現実味を帯びてきた頃になって、小沢が政治とカネの問題で検察に狙われた。陸山会事件だ。'09年4月、俺の事務所を訪ねてきた小沢は「後ろめたいことなんて何もしてない」「こんな捜査はおかしい」と苛立っていた。だが、世論は厳しかった。俺が「秘書が無罪だとしても、政治判断が必要なこともあるだろう」と諭すと、小沢は「わかってる。時が来れば判断する」と小声で返した。翌月、政権奪取を目前にして小沢は民主党代表を辞任する。これがなければ、小沢は総理になっていた。

この間、俺は小沢を擁護し続けた。テレビでも「検察が小沢さんの違法行為を立証できず、逮捕できなければ、大変な問題になる。検察というのは『政治的にけしからんから、やっちゃえ』ではダメだろう」と言った。最終的に小沢は無罪となったのだから、あまりにもひどい捜査だったと言わざるを得ない。

政権交代こそ実現したが、民主党政権は内ゲバがひどかった。嫌気がさした俺が小沢とともに新党・日本未来の党を結成したのは、先に述べた通りだ。反原発、反TPP、反消費増税を掲げ、全国で100人を超える候補者を立てたが、小選挙区で当選できたのは俺と小沢の2人だけ。そのうえ、党運営をめぐって党内が険悪になってきたから、俺は小沢に「俺も抜けるから、あんたも抜けろ。傷が深くならないうちに、平和的に分党したほうがいいぞ」と言った。小沢は「わかった」と承諾し、党を出て生活の党をつくることになった。

その後は、俺も小沢もそれぞれの立場から野党結集に尽力してきたが、いまだに実現できないままだ。俺が引退した17年の総選挙の時、衆院解散直後に小沢から電話が来た。何かと思ったら、「広島6区に佐藤公治を立てる。亀井さんは希望の党の比例単独1位でお願いできないか。小池とも話してある」と言う。佐藤は親父の守良さんの代から小沢の側近だ。希望の党代表だった小池百合子にも、根回し済みというわけだ。だが俺は「小沢さん、勘弁してよ。81にもなって、女のスカートの中で政治活動できるか」と断った。

小沢とは長い政治活動を通して敵対したり同志になった。誤解されやすい男で、周囲の人間とも蜜月と訣別を繰り返してきた。だが俺とは、互いに過去のしがらみにとらわれず、優先すべきことを決断できるという共通点があり、一度ダメになっても再び手を結ぶことができた。

2度も自民党政権をひっくり返し、55年体制をぶっ壊すなんて大それたことは、小沢一郎という政治家だからこそ為し得たことだ。もう小沢も80近いが、3度目の政権交代を見るまでは引退しないつもりだろう。その姿を、俺は傘張り浪人として静かに見守りたい。

謝辞

２年半１００回に及ぶ連載期間中、強力なバックアップをしてくれた週刊現代の安藤健二、小川匡則両記者と担当編集者、また単行本発刊に際しご尽力頂いた講談社に、この場を借りて心からの感謝を申し上げます。

２０２１年10月10日　亀井静香

初出　「週刊現代」２０１８年10月27日号～２０２１年６月26日号
単行本化にあたり大幅に加筆、修正をしました。
役職・肩書は刊行時のものです。

永田町動物園《ながたちょうどうぶつえん》 日本《にっぽん》をダメにした101人《にん》

二〇二一年一一月一八日 第一刷発行
二〇二二年 四 月 一 日 第七刷発行

著者 亀井静香《かめいしずか》

発行者 鈴木章一

発行所 株式会社 講談社
東京都文京区音羽二-一二-二一 郵便番号一一二-八〇〇一
電話 編集 〇三-五三九五-三四三八
販売 〇三-五三九五-四四一五
業務 〇三-五三九五-三六一五

印刷所 株式会社新藤慶昌堂

製本所 株式会社国宝社

ISBN978-4-06-526069-2 19cm 304p

KODANSHA